OLULINE CANDIQUIK KOKARAAMAT

Avastage 100 vastupandamatu maiustusega kommide katmise võimalusi

Tamara Stepanova

Autoriõigus materjal ©2024

Kõik õigused kaitstud

Ühtegi selle raamatu osa ei tohi mingil kujul ega vahenditega kasutada ega edastada ilma kirjastaja ja autoriõiguste omaniku nõuetekohase kirjaliku nõusolekuta, välja arvatud ülevaates kasutatud lühikesed tsitaadid. Seda raamatut ei tohiks pidada meditsiiniliste, juriidiliste või muude professionaalsete nõuannete asendajaks.

SISUKORD

- SISUKORD 3
- SISSEJUHATUS 6
- PRUUNID JA BAARID 7
  - 1. CANDIQUIK KILPKONNAPRUUNID 8
  - 2. ŠOKOLAADI-KOOKOSE-MANDLI GRANOLABATOONID 10
  - 3. CANDIQUIK MAAPÄHKLIVÕI- JA TARRETISBATOONID 12
  - 4. CANDIQUIK JÕHVIKAORANŽI ÕNDSUSBATOONID 15
  - 5. CANDIQUIK PEEDIPRUUNID 18
  - 6. CANDIQUIK COOKIE CUTTER FUDGE 21
  - 7. CANDIQUIK ROCKY ROADI BAARID 23
  - 8. CANDIQUIK MINT ŠOKOLAADIPRUUNID 25
- KÜPSISED JA MAKAROONID 27
  - 9. CANDIQUIK LUMEMEMMEDE KÜPSISED 28
  - 10. CANDIQUIK KOHVIST VALMISTATUD MURETAIGNA KÜPSISED 30
  - 11. CANDIQUIK JALGPALLIKÜPSISED 33
  - 12. CANDIQUIK ŠOKOLAADI-KIRSS-MUROTAIAKÜPSISED 36
  - 13. CANDIQUIK YARD LINE KÜPSISED 38
  - 14. UUSAASTA KELLAKÜPSISED 40
  - 15. KAKAO PIPARMÜNDIKREEMI KÜPSISED 42
  - 16. CANDIQUIK MAAPÄEVA LORAXI KÜPSISED 44
  - 17. VALENTINE ÜLLATUSKÜPSISED 47
  - 18. CANDIQUIK HARVEST CORN KÜPSISED 49
  - 19. MAAPÄHKLIVÕI SÜDAMEÕITE KÜPSISED 51
  - 20. ŠOKOLAADIGA KASTETUD MAASIKAKÜPSISED 53
  - 21. CANDIQUIK KONNAKÜPSISED 56
  - 22. CANDIQUIK PIÑA COLADA MAKROONID 58
  - 23. CANDIQUIK OREO KAUNISTUSED 61
- TRÜFLID 63
  - 24. CANDIQUIK KAHLUA TRÜHVLID 64
  - 25. CANDIQUIK MEE TÜÜMIANI TRÜHVLID 66
  - 26. CANDIQUIK MUSTA OA TRÜHVLID 68
  - 27. CANDIQUIK BOURBON TRÜHVLID 70
  - 28. ŠOKOLAADI-PEEKONI TRÜHVLID 72
  - 29. CINCO DE MAYO MEHHIKO VÜRTSITRÜHVLID 75
  - 30. CANDIQUIK PEKANIPÄHKLIPIRUKA TRÜHVLID 78
  - 31. MAAPÄHKLIVÕI TRÜHVLI ŠOKOLAADI LUSIKAD 81
  - 32. CHOCOLATE STOUT KOOK TRÜHVLID 83
  - 33. ŠAMPANJAKOOGI TRÜHVLID 85
- KOOGI HAMMUSTUSED 88
  - 34. CANDIQUIK ORANGE CREAMSICLE CAKE BITES 89
  - 35. CANDIQUIK CANNOLI BITES 92

36. CandiQuik kirsikoogi pommid 94
37. Margarita koogipallid 97
38. CandiQuik Eyeball koogipallid 100
39. CandiQuik Pumpkin Spice Cake Bites 102
40. CandiQuik Chocolate BaNilla vahvlihammustused 105
41. CandiQuik veini- ja šokolaadikoogid 107
42. Pot O' Gold Rainbow Cake Bites 110
43. CandiQuik Acorn Cake Bites 112
44. CandiQuik Pumpkin Cake Bites 114
45. Südamekoogihammustused 117
46. Kikerherneküpsise taigna hammustused 119
47. CandiQuik sulavad lumememmede koogipallid 121
48. CandiQuik Cadbury munad 123

KAETUD PUUVILJAD 126
49. CandiQuik vaniljega kastetud mustikad 127
50. CandiQuik šokolaadiga kaetud maasikad 129
51. Punased, valged ja sinised maasikad 131
52. Kaetud banaanihammustused 133
53. CandiQuik kaetud õunaviilud 135
54. Cinco de Mayo maasikad 137
55. Maasika jõulumütsid 139

KOOGID, SÕÕRIKUD JA PIRUKAD 141
56. CandiQuik sidruni-mustika juustukook 142
57. CandiQuik kõrvitsa juustukook 145
58. CandiQuik haiuimega koogitopsid 147
59. CandiQuik sidruni mandli sõõrikud 150
60. CandiQuik jäätisepirukas 153
61. Koogisõõrikud šokolaadi ja röstitud kookospähkliga 155

POPS 157
62. Banaanihelbed 158
63. CandiQuik Truffula Tree Cake Pops 160
64. CandiQuik Türgi riis Krispie Pops 163
65. CandiQuik S'more Pops 166
66. CandiQuik viinamarjapopperid 168
67. CandiQuik Magic Rainbow Krispie Pops 170
68. CandiQuik šokolaadiküpsise pulgakommid 173
69. CandiQuik Türgi küpsisepopsid 175
70. CandiQuik piparmündiküpsised pulgakommid 177
71. CandiQuik Mummy küpsised 179
72. Südame pulgakommid 181
73. Maasikakoogikoogid 183
74. CandiQuik Key laimi koogipopsid 186

KRINGEL 188

75. CANDIQUIK KAKTUSE KRINGLID 189
76. CANDIQUIK GHOST KRINGLID 191
77. CANDIQUIK BUTTERFLY KRINGLID 193
78. CANDIQUIK SHAMROCKI KRINGLID 195
79. CANDIQUIK UUSAASTA KRINGLIVARDAD 197
80. CANDIQUIK JÄNKU KRINGLID 199
81. CANDIQUIK KARAMELLI KRINGLIHAMMUSTUSED 201

KOORED JA KOMBAD 203
82. CANDIQUIK PIPARMÜNDIKOOR 204
83. CANDIQUIK COWBOY BARK 206
84. MÜNDI KÜPSISEKOOR 208
85. KANEELI JÕHVIKA PÄHKLI KLASTRID 210
86. ŠOKOLAADI MANDLIKOOR 212
87. PUUVILJADE JA PÄHKLITE ŠOKOLAADIKOBARA KOOR 214
88. SOOLAKARAMELLI- JA PEKANIPÄHKLIKILPKONNAD 216

SUUNISEGUD 218
89. CHURRO CHOW 219
90. CANDIQUIK BUNNY BAIT SUUPISTESEGU 221
91. CANDIQUIK HEART MUNCHI SUUPISTESEGU 223
92. CANDIQUIK TRAIL MIX KLASTRID 225
93. CANDIQUIK ORANGE CREAMSICLE PUPPY CHOW 227
94. CANDIQUIK S'MORESI SUUPISTESEGU 229
95. CANDIQUIK VALGE ŠOKOLAADI PEOMEGU 231

PUHKUSE JA PIDUDE KOMPLEKTID 233
96. CANDIQUIK HALLOWEENI KOOGIPEALSED 234
97. CANDIQUIK LÕPUMÜTSID 236
98. CANDIQUIK ISAMAALISED PISERDUSTOPSID 238
99. LIHAVÕTTEKOOKOSE MAKARONIPESAD 240
100. CANDIQUIK JÕULUPUU RIISIGA KRISPIE MAIUSPALAD 242

KOKKUVÕTE 244

SISSEJUHATUS

Tere tulemast "Olulise CandiQuik kokaraamatusse", mis on teie teejuht 100 vastupandamatu maiustusega kommide katmise lõputute võimaluste uurimiseks. Olenemata sellest, kas olete kogenud kondiiter või algaja pagar, see kokaraamat on teie pass magusate naudingute ja kulinaarse loovuse maailma. Klassikalistest maiuspaladest uuenduslike loominguteni – CandiQuik avab ukse maitsvate võimaluste valdkonda.

Sellest kokaraamatust leiate mitmesuguseid retsepte, mis tutvustavad CandiQuiki mitmekülgsust ja võlu. Need kulinaariaekspertide poolt välja töötatud retseptid on loodud inspireerima ja rõõmustama, olenemata sellest, kas ihkate midagi rikkalikku ja mõnusat või kerget ja värskendavat. Alates dekadentlikest šokolaaditrühvlitest kuni veidrate koogipoppideni – leidub maiustusi, mis sobivad igale maitsele ja sündmusele.

CandiQuiki eristab selle kasutusmugavus ja mitmekülgsus. Kvaliteetsetest koostisosadest valmistatud ja mitmesuguste maitsetega CandiQuik pakub täiuslikku lõuendit teie kulinaarse loomingu jaoks. Olenemata sellest, kas te kastate, niristate või vormite, sulab CandiQuik sujuvalt ja hangub kiiresti, tagades iga kord professionaalse kvaliteediga tulemuse. CandiQuiki abil saate oma sisemise kondiitri valla päästa ja oma magusamad unistused ellu viia.

Kogu sellest kokaraamatust leiate selged ja ülevaatlikud juhised, kasulikud näpunäited ja vapustavad fotod, mis juhendavad teid kondiitritööstuses. Ükskõik, kas valmistate maiustusi eriliseks sündmuseks, kingite neid lähedastele või lihtsalt hellitate oma magusaisu, need retseptid avaldavad kindlasti muljet. Niisiis, haara põll, terita spaatlit ja sukeldume CandiQuik maiustuste maitsvasse maailma.

PRUUNID JA BAARID

1.CandiQuik kilpkonnapruunid

KOOSTISOSAD:
- 1 pakk CandiQuik šokolaadikatet
- 1 tass hakitud pekanipähklit
- 1 tass karamellkastet
- 1 karp brownie segu (ja vajalikud koostisosad)

JUHISED:
a) Valmista brownie segu vastavalt pakendi juhistele.
b) Sega brownie taigna hulka tükeldatud pekanipähklid.
c) Vala pool brownie taignast võiga määritud ahjuvormi.
d) Nirista pool karamellikastmest taignale.
e) Lisa peale ülejäänud brownie taigen, millele järgneb ülejäänud karamellkaste.
f) Küpseta brownie segamise juhendi järgi.
g) Pärast küpsetamist sulatage CandiQuik šokolaadikate ja määrige see jahtunud browniedele.
h) Enne tahvliteks lõikamist lase šokolaadil taheneda.

2.Šokolaadi-kookose-mandli granolabatoonid

KOOSTISOSAD:
- 2 tassi vanaaegset valtsitud kaera
- 1 tass hakitud kookospähkel (magustatud või magustamata)
- 1 tass hakitud mandleid
- ½ tassi mett või vahtrasiirupit
- ½ tassi kreemjat mandlivõid
- ¼ tassi kookosõli
- 1 tl vaniljeekstrakti
- ½ tl soola
- 1 tass CandiQuik (vaniljemaitseline kommikate)

JUHISED:
a) Kuumuta ahi temperatuurini 350 °F (175 °C). Vooderda 9x13-tolline küpsetuspann küpsetuspaberiga, jättes hõlpsaks eemaldamiseks veidi üleulatust.
b) Segage suures segamiskausis valtsitud kaer, hakitud kookospähkel ja hakitud mandlid.
c) Segage väikeses kastrulis madalal kuumusel mesi või vahtrasiirup, mandlivõi, kookosõli, vaniljeekstrakt ja sool. Segage pidevalt, kuni segu on hästi segunenud ja ühtlane.
d) Kalla märg segu segamisnõus olevate kuivainete peale. Sega, kuni kõik kuivained on ühtlaselt kaetud.
e) Tõsta segu ettevalmistatud ahjupannile ja suru tugevalt alla, et tekiks ühtlane kiht.
f) Küpseta eelkuumutatud ahjus 15-20 minutit või kuni servad on kuldpruunid.
g) Lase granolabatoonidel pannil täielikult jahtuda.
h) Pärast jahutamist sulatage CandiQuik vastavalt pakendi juhistele.
i) Nirista sulanud CandiQuik jahtunud granolabatoonidele.
j) Enne varraste ruutudeks lõikamist laske CandiQuikil taheneda.
k) Soovi korral säilita batoonid tugevama tekstuuri saamiseks külmkapis.
l) Serveeri ja naudi oma šokolaadi-kookosemandli granolabatoone!

3. CandiQuik maapähklivõi- ja tarretisbatoonid

KOOSTISOSAD:
- 1 tass soolata võid, pehmendatud
- 1 tass granuleeritud suhkrut
- 1 tass pruuni suhkrut, pakitud
- 2 suurt muna
- 1 tass kreemjat maapähklivõid
- 1 tl vaniljeekstrakti
- 3 tassi universaalset jahu
- 1 tl küpsetuspulbrit
- ½ tl soola
- 1 tass teie valitud puuviljakonservi või tarretist (nt maasikas, vaarikas, viinamarja)
- 1 pakk CandiQuik (vaniljemaitseline kommikate)

JUHISED:
a) Kuumuta ahi temperatuurini 350 °F (175 °C). Määri 9x13-tolline küpsetusvorm rasvaga ja vooderda see küpsetuspaberiga, jättes hõlpsaks eemaldamiseks üleulatuvad osad.
b) Vahusta suures kausis pehme või, granuleeritud suhkur ja pruun suhkur heledaks ja kohevaks vahuks.
c) Lisa ükshaaval munad, pärast iga lisamist korralikult vahustades.
d) Sega hulka maapähklivõi ja vaniljeekstrakt, kuni need on hästi segunenud.
e) Vahusta eraldi kausis jahu, küpsetuspulber ja sool.
f) Lisa järk-järgult kuivained maapähklivõi segule, sega, kuni need on lihtsalt segunenud.
g) Suru kaks kolmandikku maapähklivõitainast ettevalmistatud ahjuvormi põhja, et tekiks ühtlane kiht.
h) Määri puuviljakonservid või tarretis ühtlaselt maapähklivõikihile.
i) Murenda ülejäänud maapähklivõitainas puuviljakonservide peale.
j) Küpseta eelkuumutatud ahjus 30-35 minutit või kuni servad on kuldpruunid.
k) Lase batoonidel pannil täielikult jahtuda.
l) Kui batoonid on jahtunud, sulatage CandiQuik vastavalt pakendi juhistele.
m) Nirista sulanud CandiQuik jahtunud batoonidele.
n) Enne varraste ruutudeks lõikamist laske CandiQuikil taheneda.
o) Serveeri ja naudi oma maitsvaid maapähklivõi- ja tarretisbatoone!

4.CandiQuik jõhvikaoranži õndsusbatoonid

KOOSTISOSAD:
BAARIDE KOHTA:
- 1 tass soolata võid, pehmendatud
- 1 tass granuleeritud suhkrut
- 2 suurt muna
- 1 tl vaniljeekstrakti
- 2 tassi universaalset jahu
- ½ tl küpsetuspulbrit
- ¼ teelusikatäit soola
- 1 tass kuivatatud jõhvikaid
- Ühe apelsini koor

KATTEKS:
- 1 pakend (16 untsi) CandiQuik Candy Coating
- Ühe apelsini koor
- Kuivatatud jõhvikad kaunistuseks (valikuline)

JUHISED:
a) Kuumuta ahi temperatuurini 350 °F (175 °C). Määri 9x13-tolline ahjuvorm rasvaga.
b) Vahusta suures kausis pehme või ja suhkur heledaks ja kohevaks vahuks. Lisa ükshaaval munad, pärast iga lisamist korralikult vahustades. Sega juurde vanilliekstrakt.
c) Vahusta eraldi kausis jahu, küpsetuspulber ja sool.
d) Lisage kuivained järk-järgult märgadele koostisosadele, segades, kuni need on lihtsalt segunenud.
e) Voldi sisse kuivatatud jõhvikad ja apelsinikoor, kuni need jaotuvad ühtlaselt kogu taignas.
f) Laota tainas ühtlaselt ettevalmistatud ahjuvormi.
g) Küpseta eelkuumutatud ahjus 25-30 minutit või kuni servad on kuldpruunid ja keskele torgatud hambaork tuleb puhtana välja.
h) Lase batoonidel ahjuvormis täielikult jahtuda.
i) Kui batoonid on jahtunud, sulatage CandiQuik Candy Coating vastavalt pakendi juhistele.
j) Valage sulanud CandiQuik jahtunud batoonidele, ajades spaatliga ühtlaselt laiali.

k) Soovi korral puista peale apelsinikoort ja kuivatatud jõhvikaid kaunistamiseks.
l) Enne varraste ruutudeks lõikamist laske CandiQuik-kattel täielikult taheneda.
m) Serveeri ja naudi oma maitsvaid CandiQuik Cranberry Orange Bliss batoone!

5.CandiQuik peedipruunid

KOOSTISOSAD:
- 1 tass keedetud ja püreestatud peeti (umbes 3 keskmise suurusega peeti)
- ½ tassi soolata võid, sulatatud
- 1 tass granuleeritud suhkrut
- 2 suurt muna
- 1 tl vaniljeekstrakti
- ½ tassi universaalset jahu
- ⅓ tassi kakaopulbrit
- ¼ teelusikatäit küpsetuspulbrit
- ¼ teelusikatäit soola
- 1 pakk CandiQuik (vaniljemaitseline kommikate)

JUHISED:
a) Kuumuta ahi temperatuurini 350 °F (175 °C). Määri ja vooderda ahjuvorm küpsetuspaberiga.
b) Keeda peeti, kuni need on pehmed. Koori ja püreesta need blenderis või köögikombainis. Mõõda välja 1 tass peedipüreed.
c) Sega suures segamiskausis sulatatud või ja suhkur. Segage, kuni see on hästi segunenud.
d) Lisa ükshaaval munad, pärast iga lisamist korralikult vahustades. Sega juurde vanilliekstrakt.
e) Vahusta eraldi kausis jahu, kakaopulber, küpsetuspulber ja sool.
f) Lisage kuivained järk-järgult märgadele koostisosadele, segades, kuni need on lihtsalt segunenud.
g) Voldi sisse peedipüree, kuni see on ühtlaselt jaotunud kogu brownie taignas.
h) Valage tainas ettevalmistatud küpsetuspannile, ajades ühtlaselt laiali.
i) Küpseta eelkuumutatud ahjus 25-30 minutit või kuni keskele torgatud hambaork väljub niiske puruga (mitte märja taignaga).
j) Lase browniedel pannil täielikult jahtuda.

CANDIQUIK KATTE KOHTA:
k) Sulata CandiQuik vastavalt pakendi juhistele. Tavaliselt hõlmab see mikrolaineahjus 30-sekundiliste intervallidega, kuni see täielikult sulab.

l) Kui pruunid on täielikult jahtunud, lõigake need ruutudeks.
m) Kastke iga brownie ruudu ülaosa sulatatud CandiQuikisse, tagades ühtlase katte.
n) Asetage kaetud küpsised pärgamendiga vooderdatud alusele, et CandiQuik hanguks.
o) Enne serveerimist laske CandiQuik-kattel täielikult taheneda.

6.CandiQuik Cookie Cutter Fudge

KOOSTISOSAD:
- 1 pakk CandiQuik (vaniljemaitseline kommikate)
- 1 purk (14 untsi) magustatud kondenspiima
- 2 tl vaniljeekstrakti
- Näputäis soola
- Erinevad puhkuseteemalised küpsisevormid
- Valikulised lisandid: puistad, purustatud pähklid, värvilised suhkrud

JUHISED:
a) Vooderda kandiline või ristkülikukujuline ahjuvorm küpsetuspaberiga, jättes külgedele üleulatuse, et seda oleks lihtne eemaldada.
b) Keskmise suurusega kastrulis sulatage CandiQuik madalal kuumusel, pidevalt segades, et vältida kõrbemist.
c) Kui CandiQuik on täielikult sulanud, lisage magustatud kondenspiim, vaniljeekstrakt ja näputäis soola. Segage segu ühtlaseks ja hästi segunevaks.
d) Tõsta kastrul tulelt ja lase segul veidi jahtuda, kuid jälgi, et see jääks valatavaks.
e) Vala fudge segu ettevalmistatud ahjuvormi ja aja ühtlaselt laiali.
f) Laske fudge'il mõni minut jahtuda, seejärel kasutage pühadeteemaliste küpsisevormide abil pidulikke kujundeid. Suru küpsiseform fudge'i sisse ja tõsta spaatliga kujundid välja.
g) Soovi korral lisage fudge-vormidele katteid, nagu puistad, purustatud pähklid või värvilised suhkrud, kuni need on veel pehmed.
h) Lase fudge'il täielikult jahtuda ja tõsta paariks tunniks külmkappi seisma.
i) Kui fudge on täielikult tahenenud, tõstke see küpsetusplaadist välja üleulatuva küpsetuspaberi abil.
j) Asetage koogivormid serveerimisvaagnale ja nautige oma imearmsat CandiQuik Cookie Cutter Fudge'i!

7.CandiQuik Rocky Roadi baarid

KOOSTISOSAD:
- 1 pakk CandiQuik vaniljekatet
- 2 tassi mini vahukomme
- 1 tass hakitud pähkleid (kreeka pähkleid või mandleid)
- 1 tass purustatud Graham kreekerid
- 1 karp brownie segu (ja vajalikud koostisosad vastavalt pakendile)

JUHISED:
a) Valmista brownie segu vastavalt pakendi juhistele.
b) Segage minivahukommid, hakitud pähklid ja purustatud grahami kreekerid brownie taignasse.
c) Vala tainas võiga määritud ahjuvormi.
d) Küpseta brownie segamise juhendi järgi.
e) Pärast küpsetamist sulatage CandiQuik vaniljekate ja määrige see jahtunud batoonidele.
f) Enne batoonideks lõikamist laske vaniljekattel taheneda.

8. CandiQuik Mint šokolaadipruunid

KOOSTISOSAD:
- 1 pakk CandiQuik šokolaadikatet
- 1 tl piparmündi ekstrakti
- Roheline toiduvärv (valikuline)
- 1 karp brownie segu (ja vajalikud koostisosad vastavalt pakendile)

JUHISED:
a) Valmista brownie segu vastavalt pakendi juhistele.
b) Sega juurde piparmündiekstrakt ja soovi korral lisa rohelist toiduvärvi.
c) Vala tainas võiga määritud ahjuvormi.
d) Küpseta brownie segamise juhendi järgi.
e) Pärast küpsetamist sulatage CandiQuik šokolaadikate ja määrige see jahtunud browniedele.
f) Enne tahvliteks lõikamist lase šokolaadil taheneda.

KÜPSISED JA MAKAROONID

9.CandiQuik lumememmede küpsised

KOOSTISOSAD:
- Ümmargused suhkruküpsised
- 1 pakend (16 untsi) CandiQuik Candy Coating
- Miniatuursed šokolaaditükid või kommisilmad
- Apelsini kommid sulavad (või apelsini glasuur) porgandi nina jaoks
- Dekoratiivne glasuur sallidele ja nööpidele

JUHISED:
a) Kastke iga suhkruküpsise ülaosa sulatatud CandiQuik sisse, et tekiks lumine kate.
b) Asetage silmade jaoks sulanud kattele kaks miniatuurset šokolaaditükki või kristalliseerunud silma.
c) Kasutage porgandi nina loomiseks väikest tükikest oranži kommisula või glasuur.
d) Kaunista glasuuriga sallide ja nööpide tegemiseks.
e) Enne serveerimist lase kattel tarduda.

10. CandiQuik kohvist valmistatud muretaigna küpsised

KOOSTISOSAD:
KÜPSISTE KOHTA:
- 1 tass soolata võid, pehmendatud
- ½ tassi granuleeritud suhkrut
- 2 tassi universaalset jahu
- 2 spl lahustuva kohvi graanuleid või espressopulbrit
- ¼ teelusikatäit soola

CANDIQUIK KOHVIGLAASI JUURDE:
- 1 pakk CandiQuik (vaniljemaitseline kommikate)
- 2 spl lahustuva kohvi graanuleid või espressopulbrit
- 1-2 spl kuuma vett
- Valikuline: kaunistuseks peeneks jahvatatud kohv või kakaopulber

JUHISED:
KOHVI MÜÜDLEIVAKÜPSISED:
a) Kuumuta ahi temperatuurini 350 °F (175 °C). Vooderda ahjuplaadid küpsetuspaberiga.
b) Vahusta suures segamiskausis pehme või ja granuleeritud suhkur heledaks ja kohevaks vahuks.
c) Vahusta eraldi kausis jahu, lahustuva kohvi graanulid või espressopulber ja sool.
d) Lisa vähehaaval või ja suhkru segule kuivained, sega, kuni tainas kokku tuleb.
e) Rulli tainas palgikujuliseks või lameda kettaks, mässi kilesse ja pane vähemalt 30 minutiks külmkappi tahenema.
f) Kui tainas on jahtunud, viilutage see ümmargusteks või lõigake küpsisevormide abil välja.
g) Aseta küpsised ettevalmistatud ahjuplaatidele ja küpseta 10-12 minutit või kuni servad on kergelt kuldsed.
h) Lase küpsistel restil täielikult jahtuda.

CANDIQUIK KOHVIGLAASI JUURDE:
i) Sulata CandiQuik vastavalt pakendi juhistele. Tavaliselt hõlmab see mikrolaineahjus 30-sekundiliste intervallidega, kuni see täielikult sulab.

j) Lahustage lahustuva kohvi graanulid või espressopulber kuumas vees. Lisage see kohvisegu sulatatud CandiQuik'ile ja segage, kuni see on hästi segunenud.
k) Kasta jahtunud küpsised CandiQuik kohviglasuuri sisse, lastes üleliigsel ära tilkuda.
l) Aseta glasuuritud küpsised pärgamendiga vooderdatud alusele.
m) Valikuline: Kuni glasuur on veel märg, puista peale kaunistuseks peeneks jahvatatud kohvi või kakaopulbrit.
n) Enne serveerimist või säilitamist laske glasuuril täielikult taheneda.

11. CandiQuik jalgpalliküpsised

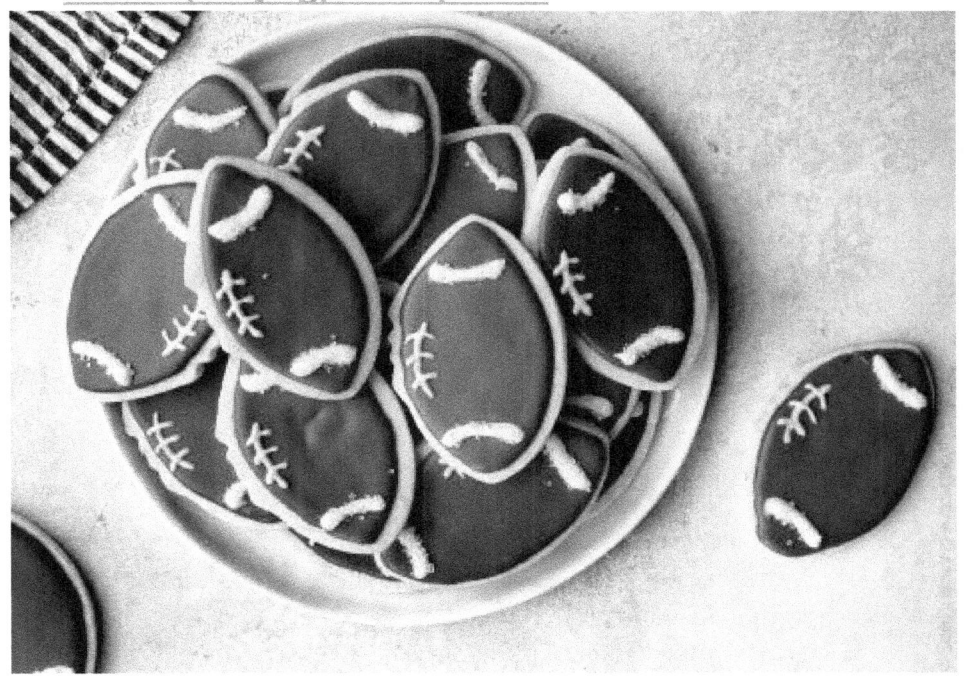

KOOSTISOSAD:
KÜPSISTE KOHTA:
- 2 ½ tassi universaalset jahu
- 1 tass soolata võid, pehmendatud
- 1 tass granuleeritud suhkrut
- 1 suur muna
- 1 tl vaniljeekstrakti
- ½ tl mandli ekstrakti (valikuline)
- ¼ teelusikatäit soola

CANDIQUIKI JALGPALLI KAUNISTUSEKS:
- 1 pakk CandiQuik (vaniljemaitseline kommikate)
- Tume šokolaaditükid või šokolaadiglasuur (jalgpallipitside jaoks)

JUHISED:
KÜPSISTE KOHTA:
a) Klopi keskmises kausis omavahel jahu ja sool. Kõrvale panema.
b) Vahusta suures segamiskausis pehme või ja suhkur heledaks ja kohevaks vahuks.
c) Lisa muna, vaniljeekstrakt ja mandliekstrakt (kui kasutad) või ja suhkru segule. Segage, kuni see on hästi segunenud.
d) Lisa kuivained järk-järgult märgadele koostisosadele, sega, kuni moodustub pehme tainas.
e) Jagage tainas kaheks osaks, vormige igaüks kettaks, mässige kilesse ja hoidke vähemalt 1 tund külmkapis.
f) Kuumuta ahi temperatuurini 350 °F (175 °C) ja vooderda küpsetusplaadid küpsetuspaberiga.
g) Rulli jahutatud tainas jahusel pinnal umbes ¼ tolli paksuseks.
h) Kasutage jalgpallikujulist küpsisevormi, et lõigata taignast jalgpallivormid.
i) Aseta jalgpallikujulised küpsised ettevalmistatud ahjuplaatidele ja küpseta 10-12 minutit või kuni servad on kergelt kuldsed.
j) Lase küpsistel mõni minut küpsetusplaatidel jahtuda, enne kui tõstad need restile täielikult jahtuma.

CANDIQUIKI JALGPALLI KAUNISTUSEKS:
k) Sulata CandiQuik vastavalt pakendi juhistele. Tavaliselt hõlmab see mikrolaineahjus 30-sekundiliste intervallidega, kuni see täielikult sulab.
l) Kasta iga jalgpallikujuline küpsis sulatatud CandiQuik'i, tagades ühtlase katte.
m) Asetage kaetud küpsised pärgamendiga vooderdatud alusele.
n) Enne CandiQuik kattekomplekte looge iga küpsise pinnale jalgpallipitsid tumeda šokolaadi laastude või šokolaadiglasuuriga.
o) Enne serveerimist laske CandiQuik-kattel täielikult taheneda.

12.CandiQuik šokolaadi-kirss-murotaiaküpsised

KOOSTISOSAD:
- Purukook küpsised
- 1 pakend (16 untsi) CandiQuik Candy Coating
- Kuivatatud kirsid või kirsikonservid

JUHISED:
a) Sulata CandiQuik Candy Coating vastavalt pakendi juhistele.
b) Kastke iga muretaignaküpsis sulatatud CandiQuik'i katteks.
c) Aseta peale kuivatatud kirss või määri peale väike kogus kirsihoidiseid.
d) Enne serveerimist laske kattel taheneda.

13. CandiQuik Yard Line küpsised

KOOSTISOSAD:
KÜPSISTE KOHTA:
- Sinu lemmik suhkruküpsise retsept või poest ostetud suhkruküpsise tainas

CANDIQUIK DEKOORMISEKS:
- 1 pakk CandiQuik (vaniljemaitseline kommikate)
- Roheline toiduvärv
- Valge glasuur või valge komm sulab (õueliinide jaoks)

JUHISED:
KÜPSISTE KOHTA:
a) Kuumuta ahi vastavalt suhkruküpsise retseptile või poest ostetud küpsisetaigna juhistele.
b) Valmista suhkruküpsise tainas retsepti või pakendi juhiste järgi.
c) Rulli küpsisetainas jahusel pinnal umbes ¼ tolli paksuseks.
d) Kasutage taignast ringide lõikamiseks ümmargust küpsisevormi. Need on teie "õuejoone" küpsised.
e) Aseta küpsised küpsetuspaberiga kaetud ahjuplaadile ja küpseta retsepti või pakendi juhiste järgi. Lase küpsistel täielikult jahtuda.

CANDIQUIK DEKOORMISEKS:
f) Murra CandiQuik tükkideks ja aseta kuumakindlasse kaussi. Sulata CandiQuik vastavalt pakendi juhistele. Tavaliselt hõlmab see mikrolaineahjus 30-sekundiliste intervallidega, kuni see täielikult sulab.
g) Lisage sulanud CandiQuik'ile rohelist toiduvärvi ja segage, kuni saavutate erksa rohelise värvi. See saab olema "jalgpalliväljaku" taust.
h) Kastke iga jahtunud küpsis rohelisse CandiQuik, tagades ühtlase katte. Asetage kaetud küpsised pärgamendiga vooderdatud alusele.
i) Kuni CandiQuik kate on veel märg, kasutage igale küpsisele õuejoonte loomiseks valget glasuurit või sulatatud valgeid kommisulameid. Selleks võite kasutada torukotti või väikest lukuga kotti, mille nurk on ära lõigatud.
j) Enne serveerimist laske CandiQuik kattel ja glasuuril täielikult taheneda.

14.Uusaasta kellaküpsised

KOOSTISOSAD:
- CandiQuik (valge šokolaadi kate)
- Šokolaadi võileivaküpsised
- Söödav kullast või hõbedast pihusti
- Söödavad kellakaunistused

JUHISED:
a) Sulata valge šokolaad CandiQuik vastavalt pakendi juhistele.
b) Eralda šokolaadi-võileivaküpsised ja kasta üks pool sulatatud CandiQuik'i.
c) Aseta küpsise kaetud küljele söödavad kellakaunistused.
d) Pihustage piduliku hõngu saamiseks servi söödava kulla või hõbeda pihustiga.
e) Laske CandiQuikil enne serveerimist taheneda.

15.Kakao piparmündikreemi küpsised

KOOSTISOSAD:
- CandiQuik (tumeda šokolaadi kate)
- Piparmündi ekstrakt
- Šokolaadi võileivaküpsised

JUHISED:
a) Sulata tume šokolaad CandiQuik vastavalt pakendi juhistele.
b) Lisage sulatatud CandiQuikile paar tilka piparmündiekstrakti ja segage hästi.
c) Kastke iga šokolaadi võileivaküpsis piparmündimaitselisse CandiQuik, tagades, et see on täielikult kaetud.
d) Asetage kaetud küpsised küpsetuspaberile ja laske neil taheneda.

16.CandiQuik maapäeva Loraxi küpsised

KOOSTISOSAD:
KÜPSISTE KOHTA:
- Sinu lemmik suhkruküpsise retsept või poest ostetud suhkruküpsise tainas

KAUNISTUSEKS:
- 1 pakk CandiQuik (vaniljemaitseline kommikate)
- Oranž toiduvärv
- Söödav must marker või must glasuur
- Söödav roheline marker või roheline glasuur
- Erinevad värvilised suhkrud või puistad (valikuline)

JUHISED:
KÜPSISTE KOHTA:
a) Kuumuta ahi vastavalt suhkruküpsise retseptile või poest ostetud küpsisetaigna juhistele.
b) Valmista suhkruküpsise tainas retsepti või pakendi juhiste järgi.
c) Rulli küpsisetainas jahusel pinnal umbes ¼ tolli paksuseks.
d) Kasutage taignast ringide lõikamiseks ümmargust küpsisevormi.
e) Aseta küpsised küpsetuspaberiga kaetud ahjuplaadile ja küpseta retsepti või pakendi juhiste järgi. Lase küpsistel täielikult jahtuda.

KAUNISTUSEKS:
f) Murra CandiQuik tükkideks ja aseta kuumakindlasse kaussi. Sulata CandiQuik vastavalt pakendi juhistele. Tavaliselt hõlmab see mikrolaineahjus 30-sekundiliste intervallidega, kuni see täielikult sulab.
g) Lisage sulanud CandiQuikile oranž toiduvärv ja segage, kuni saavutate erksa oranži värvi.
h) Kasta iga jahtunud küpsis oranži CandiQuik sisse, tagades ühtlase katte. Asetage kaetud küpsised pärgamendiga vooderdatud alusele.
i) Laske CandiQuik-kattel täielikult hanguda.
j) Kui kate on hangunud, kasutage söödavat musta markerit või musta glasuurit, et joonistada igale küpsisele Loraxi silmad, vuntsid ja suu.
k) Kasutage söödavat rohelist markerit või rohelist glasuuri, et joonistada küpsiste peale Loraxi omapärane juuksepamp.
l) Soovi korral võite lisada täiendavaks kaunistuseks erinevaid värvilisi suhkruid või puisteid.
m) Enne serveerimist laske täiendavatel kaunistustel taheneda.

17.Valentine üllatusküpsised

KOOSTISOSAD:
- Suhkruküpsise tainas
- Punane või roosa toiduvärv
- Kommisüdamed või muud Valentine-teemalised kommid

JUHISED:
a) Kuumuta ahi küpsisetaigna pakendil märgitud temperatuurini.
b) Jaga küpsisetainas pooleks ja tooni üks osa punase või roosa toiduvärviga.
c) Võtke väike kogus igat värvilist tainast ja suruge need kokku kommitüki ümber.
d) Rullige tainas palliks, veendudes, et kommid on täielikult suletud.
e) Aseta küpsised ahjuplaadile ja küpseta vastavalt pakendi juhistele.

18.CandiQuik Harvest Corn küpsised

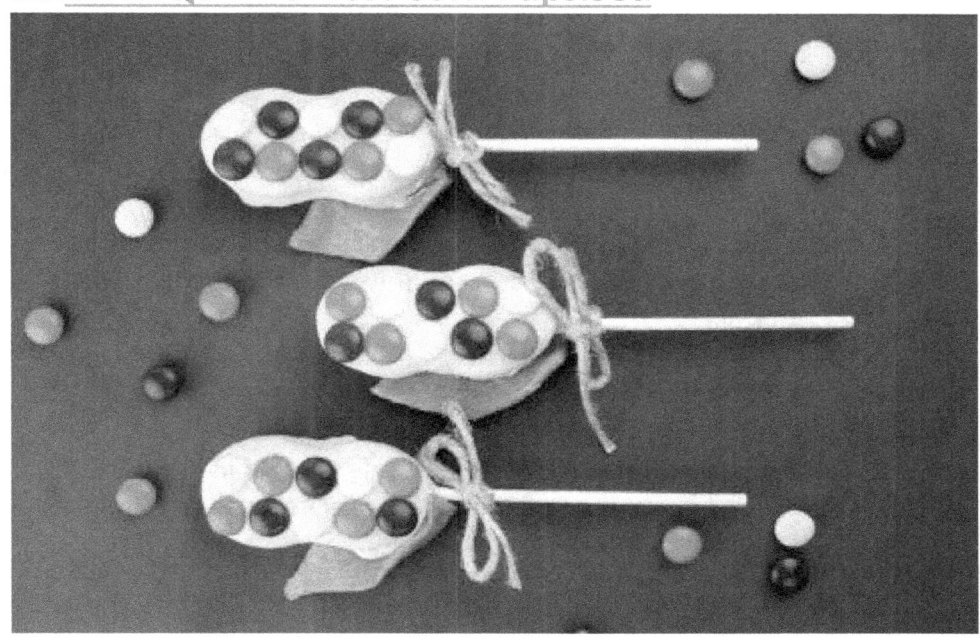

KOOSTISOSAD:
- Suhkruküpsised (ümmargused või ovaalsed)
- 1 pakend (16 untsi) CandiQuik Candy Coating
- Kollane ja oranž toiduvärv
- Miniatuursed šokolaaditükid

JUHISED:
a) Sulata CandiQuik Candy Coating vastavalt pakendi juhistele.
b) Jaga kate kaheks osaks ja tooni üks kollase toiduvärviga ja teine oranžiga.
c) Kasta iga küpsis kollasesse kattesse, jättes väikese osa maisikestade jaoks kastmata.
d) Laske kollasel kattel hanguda.
e) Kastke kastmata osa oranži kattesse, et luua maisikest.
f) Asetage maisiteradade kollasele osale miniatuursed šokolaaditükid.
g) Enne serveerimist lase kattel tarduda.

19.Maapähklivõi südameõite küpsised

KOOSTISOSAD:
- 1 tass maapähklivõid
- 1 tass suhkrut
- 1 muna
- 1 tl vaniljeekstrakti
- Hershey's Kisses šokolaadikompvekid, pakkimata

JUHISED:
a) Kuumuta ahi temperatuurini 350 °F (175 °C) ja vooderda küpsetusplaat küpsetuspaberiga.
b) Vahusta kausis maapähklivõi, suhkur, muna ja vaniljeekstrakt.
c) Veereta taignast väikesed pallid ja aseta need ahjuplaadile.
d) Küpseta 10-12 minutit või kuni servad on kuldpruunid.
e) Eemaldage ahjust ja vajutage kohe iga küpsise keskele Hershey suudlus.
f) Enne restile viimist laske küpsistel küpsetusplaadil jahtuda.

20.Šokolaadiga kastetud maasikaküpsised

KOOSTISOSAD:
KÜPSISTE KOHTA:
- 1 tass soolata võid, pehmendatud
- 1 tass granuleeritud suhkrut
- 2 suurt muna
- 1 tl vaniljeekstrakti
- 3 tassi universaalset jahu
- ½ tl küpsetuspulbrit
- ¼ teelusikatäit soola
- ½ tassi maasikamoosi või konserve

ŠOKOLAADI KATTE JAOKS:
- 1 pakk CandiQuik (vaniljemaitseline kommikate)
- Värsked maasikad, pestud ja kuivatatud

JUHISED:
KÜPSISTE KOHTA:
a) Kuumuta ahi temperatuurini 350 °F (175 °C). Vooderda ahjuplaadid küpsetuspaberiga.
b) Vahusta suures kausis pehme või ja suhkur heledaks ja kohevaks vahuks.
c) Lisa ükshaaval munad, pärast iga lisamist korralikult vahustades. Sega juurde vanilliekstrakt.
d) Vahusta eraldi kausis jahu, küpsetuspulber ja sool.
e) Lisage kuivained järk-järgult märgadele koostisosadele, segades, kuni need on lihtsalt segunenud.
f) Tõsta ümmargused supilusikatäit küpsisetainast ettevalmistatud küpsetusplaatidele, jättes nende vahele veidi ruumi.
g) Kasutage pöidla või väikese lusika tagumist osa, et teha iga küpsise keskele taane.
h) Täida iga süvend väikese koguse maasikamoosi või hoidistega.
i) Küpseta eelkuumutatud ahjus 10-12 minutit või kuni küpsiste servad on kergelt kuldsed.
j) Lase küpsistel mõni minut küpsetusplaatidel jahtuda, enne kui tõstad need restile täielikult jahtuma.

ŠOKOLAADI KATTE JAOKS:

k) Sulata CandiQuik vastavalt pakendi juhistele. Tavaliselt hõlmab see mikrolaineahjus 30-sekundiliste intervallidega, kuni see täielikult sulab.
l) Kasta iga jahtunud maasikatäidisega küpsise ülaosa sulatatud CandiQuik'i, kattes maasikamoosiga.
m) Aseta kastetud küpsised pärgamendiga vooderdatud alusele, et šokolaad hanguks.
n) Soovi korral nirista kastetud küpsistele dekoratiivse puudutuse saamiseks ekstra sulatatud CandiQuik.
o) Enne serveerimist lase šokolaadikattel täielikult taheneda.
p) Kaunistage iga šokolaadiga kastetud maasikaküpsis värske maasikaga, et lisada maitset.

21.CandiQuik konnaküpsised

KOOSTISOSAD:
- Vanilje vahvliküpsised
- Rohelised kommid sulavad või rohelise värvi valge šokolaad
- Valge komm sulab või valge valge šokolaad
- Kommid silmad
- Punased kommid (suu jaoks)
- Valikuline: täiendavad kommikaunistused kaunistuste jaoks
- Pärgamentpaber

JUHISED:
a) Vooderda plaat või küpsetusplaat küpsetuspaberiga.
b) Murdke rohelised kristalliseerunud ja valged kommid eraldi kaussidesse. Sulata iga värv vastavalt pakendi juhistele. Tavaliselt hõlmab see nende mikrolaineahjustamist 30-sekundiliste intervallidega, kuni need täielikult sulavad.
c) Kastke iga vanilje vahvliküpsis sulanud roheliste kommide sulamisse, tagades, et see on täielikult kaetud. Katmise hõlbustamiseks kasutage kahvlit või kastmistööriista.
d) Laske üleliigsel rohelisel kommikattel maha tilkuda, seejärel asetage kaetud küpsised küpsetuspaberile.
e) Kui roheline kommikate on veel märg, kinnitage iga kaetud küpsise ülaosale kommisilmad. Silmade "liimiks" võid kasutada ka väikest kogust sulatatud rohelist kommikatet.
f) Konna suu loomiseks asetage silmade alla punane komm.
g) Kasutage hambaorki või väikest riista, et nirista rohelisele kattele sulanud valget kommikatet, et luua konnakujulisi mustreid või märke.
h) Valikuline: kaunista konnad kaunistuste jaoks täiendavate kommikaunistustega, nagu värvilised puistad või väikesed kommid.
i) Laske kommikattel täielikult taheneda.
j) Pärast seadistamist on teie konnaküpsised nautimiseks valmis!

22.CandiQuik Piña Colada makroonid

KOOSTISOSAD:
MAKAROONIDE KOHTA:
- 3 tassi hakitud kookospähklit (magustatud)
- ½ tassi CandiQuik (vaniljemaitseline kommikate), sulatatud
- ⅓ tassi magustatud kondenspiima
- ¼ tassi ananassimahla
- 1 tl vaniljeekstrakti
- ½ tassi peeneks hakitud ananassi (konserveeritud või värske)
- Näputäis soola

CANDIQUIK KATTE KOHTA:
- 1 pakk CandiQuik (vaniljemaitseline kommikate)
- 1 spl kookosõli

JUHISED:
MAKAROONIDE KOHTA:
a) Kuumuta ahi temperatuurini 325 ° F (163 ° C). Vooderda ahjuplaat küpsetuspaberiga.
b) Sega suures kausis kokku riivitud kookospähkel, sulatatud CandiQuik, magustatud kondenspiim, ananassimahl, vaniljeekstrakt, peeneks hakitud ananass ja näpuotsaga soola. Segage, kuni see on hästi segunenud.
c) Vormi küpsisekulbiga või kätega segust väikesed künkad ja aseta need ettevalmistatud ahjuplaadile.
d) Küpseta eelkuumutatud ahjus 15-18 minutit või kuni makroonide servad on kuldpruunid.
e) Lase makroonidel ahjuplaadil täielikult jahtuda.

CANDIQUIK KATTE KOHTA:
f) Sulata CandiQuik vastavalt pakendi juhistele. Tavaliselt hõlmab see mikrolaineahjus 30-sekundiliste intervallidega, kuni see täielikult sulab.
g) Segage kookosõli, kuni see on hästi segunenud.

KOOSTAMINE:
h) Kastke iga jahutatud makrooni põhi CandiQuik-kattesse, laske üleliigsel pinnal maha tilkuda.
i) Aseta kaetud makroonid pärgamendiga vooderdatud alusele.
j) Soovi korral nirista kaunistamiseks iga makrooni peale täiendavat CandiQuik katet.
k) Enne serveerimist laske CandiQuik-kattel täielikult taheneda.

23. CandiQuik Oreo kaunistused

KOOSTISOSAD:
- Oreos (tavaline või topelttäidisega)
- 1 pakk CandiQuik (vaniljemaitseline kommikate)
- Kaunistuseks erinevad värvilised glasuurid või kommid
- Erinevad puistad või söödavad kaunistused
- Lint või nöör (riputamiseks)

JUHISED:
a) Vooderda ahjuplaat küpsetuspaberiga.
b) Eralda Oreo küpsised, hoides kreemitäidisega pool puutumata.
c) Murra CandiQuik tükkideks ja aseta kuumakindlasse kaussi. Sulata CandiQuik vastavalt pakendi juhistele. Tavaliselt hõlmab see mikrolaineahjus 30-sekundiliste intervallidega, kuni see täielikult sulab.
d) Kastke kahvli või hambatikuga iga Oreo küpsis sulatatud CandiQuikisse, tagades ühtlase katte. Laske üleliigsel kattekihil maha tilkuda.
e) Asetage kaetud Oreod küpsetuspaberiga kaetud ahjuplaadile.
f) Kuni CandiQuik kate on veel märg, kasutage värvilist glasuuri või sulatatud kommi, et luua igale Oreole pidulikke kujundusi, nagu keerised, triibud või pühademustrid.
g) Piserdage märjale CandiQuik kattele erinevaid värvilisi puisteid või söödavaid kaunistusi, et anda pidulikku hõngu.
h) Laske CandiQuik kattel ja kaunistustel osaliselt, kuid mitte täielikult taheneda.
i) Looge hambaorki või vardast kasutades iga kaetud Oreo ülaosa lähedale väike auk lindi või nööri sisestamiseks.
j) Laske CandiQuik-kattel täielikult kõveneda ja tarduda.
k) Kui Oreo kaunistused on täielikult paika pandud, keerake lint või nöör august läbi, sõlmige sõlm ja looge riputamiseks aas.
l) Riputage Oreo kaunistused puu külge või asetage need dekoratiivsesse kaussi pidulikuks väljapanekuks.

TRÜFLID

24.CandiQuik Kahlua trühvlid

KOOSTISOSAD:
- 1 pakend (16 untsi) CandiQuik Candy Coating
- ¼ tassi rasket koort
- 2 spl soolata võid
- 3 spl Kahlua likööri
- Katteks kakaopulber või tuhksuhkur

JUHISED:
a) Sulata keskmise suurusega kastrulis madalal kuumusel pidevalt segades CandiQuik Candy Coating.
b) Kui see on sulanud, lisage kastrulisse koor ja soolata või. Jätkake segamist, kuni segu on ühtlane ja hästi segunenud.
c) Eemaldage kastrul tulelt ja segage Kahlua likööri, kuni see on täielikult segunenud.
d) Laske segul jahtuda toatemperatuurini. Pärast jahtumist katke kastrul kaanega ja jahutage vähemalt 2 tundi või kuni segu on tahke.
e) Kui segu on tahke, kasutage trühvlisuuruste portsjonite eraldamiseks lusikat või väikest kulbikest. Veereta iga portsjon palliks ja aseta pärgamendiga vooderdatud alusele.
f) Soovi korral veereta trühvleid katteks kakaopulbris või tuhksuhkrus.
g) Tõsta trühvlid veel 30 minutiks külmkappi tahenema.
h) Serveeri ja naudi oma maitsvaid CandiQuik Kahlua trühvleid!

25.CandiQuik mee tüümiani trühvlid

KOOSTISOSAD:
TRÜHVLITE KOHTA:
- 1 pakk CandiQuik (vaniljemaitseline kommikate)
- ½ tassi rasket koort
- 2 supilusikatäit mett
- 1 spl värskeid tüümiani lehti, peeneks hakitud
- 1 sidruni koor

KATTIMISEKS:
- ½ tassi peeneks hakitud pistaatsiapähklid või mandlid (katmiseks)
- Täiendavad värsked tüümianilehed kaunistuseks

JUHISED:
a) Kuumuta väikeses potis koort keskmisel kuumusel, kuni see hakkab lihtsalt podisema. Eemaldage kuumusest.
b) Murra CandiQuik tükkideks ja aseta kuumakindlasse kaussi. Valage kuum koor CandiQuikile ja laske sellel minut aega seista, et see pehmeneks.
c) Segage segu, kuni CandiQuik on täielikult sulanud ja ühtlane.
d) Lisage sulatatud CandiQuik segule mesi, peeneks hakitud tüümianilehed ja sidrunikoor. Sega hästi kokku.
e) Laske segul jahtuda toatemperatuurini, seejärel hoidke seda külmkapis vähemalt 2 tundi või kuni see muutub käsitsemiseks piisavalt kõvaks.
f) Asetage madalasse kaussi katmiseks peeneks hakitud pistaatsiapähklid või mandlid.
g) Kui trühvlisegu on jahtunud, võta lusika või melonipalliga väikesed portsud välja ja veereta need pallideks.
h) Veereta iga trühvlit tükeldatud pistaatsiapähklites või mandlites, tagades ühtlase katte.
i) Aseta kaetud trühvlid pärgamendiga vooderdatud alusele.
j) Kaunista iga trühvel kaunistuseks väikese tüümianilehega.
k) Tõsta trühvlid umbes 30 minutiks külmkappi tahenema.
l) Serveeri ja naudi neid mee-tüümiani trühvleid ainulaadse maitsekombinatsiooniga suurepärase maiuspalana!

26.CandiQuik musta oa trühvlid

KOOSTISOSAD:
- 1 purk (15 untsi) musti ube, nõrutatud ja loputatud
- ½ tassi kakaopulbrit
- ¼ tassi mett või vahtrasiirupit
- 1 tl vaniljeekstrakti
- Näputäis soola
- 1 pakend (16 untsi) CandiQuik Candy Coating

JUHISED:
a) Sega köögikombainis mustad oad, kakaopulber, mesi või vahtrasiirup, vaniljeekstrakt ja sool ühtlaseks seguks.
b) Vormi segust trühvlisuurused pallid ja aseta need küpsetuspaberiga vooderdatud alusele.
c) Sulata CandiQuik Candy Coating vastavalt pakendi juhistele.
d) Kastke iga trühvel sulatatud CandiQuik'i, et see katta.
e) Enne serveerimist laske kattel taheneda.

27.CandiQuik Bourbon trühvlid

KOOSTISOSAD:
- 1 pakend (16 untsi) CandiQuik Candy Coating
- ¼ tassi rasket koort
- 2 spl soolata võid
- 3 supilusikatäit burboni
- Katmiseks kakaopulber, tuhksuhkur või hakitud pähklid

JUHISED:
a) Sulata keskmise suurusega kastrulis madalal kuumusel pidevalt segades CandiQuik Candy Coating.
b) Kui see on sulanud, lisage kastrulisse koor ja soolata või. Jätkake segamist, kuni segu on ühtlane ja hästi segunenud.
c) Eemaldage kastrul tulelt ja segage bourbon, kuni see on täielikult segunenud.
d) Laske segul jahtuda toatemperatuurini. Pärast jahtumist katke kastrul kaanega ja jahutage vähemalt 2 tundi või kuni segu on tahke.
e) Kui segu on tahke, kasutage trühvlisuuruste portsjonite eraldamiseks lusikat või väikest kulbikest. Rullige iga osa palliks.
f) Veereta trühvleid kakaopulbris, tuhksuhkrus või hakitud pähklites.
g) Aseta kaetud trühvlid pärgamendiga vooderdatud alusele.
h) Tõsta trühvlid veel 30 minutiks külmkappi tahenema.
i) Serveeri ja naudi oma maitsvaid CandiQuik Bourbon trühvleid!

28.Šokolaadi-peekoni trühvlid

KOOSTISOSAD:
TRÜHVLITE KOHTA:
- 1 tass keedetud ja purustatud peekonit
- 1 ½ tassi CandiQuik (vaniljemaitseline kommikate)
- ½ tassi rasket koort
- ¼ tassi soolamata võid
- 1 tl vaniljeekstrakti
- Näputäis soola

KATTIMISEKS:
- 1 tass tumedat šokolaadi, sulatatud
- Katteks purustatud peekon

JUHISED:
TRÜHVLITE KOHTA:
a) Kuumuta väikeses potis koort keskmisel kuumusel, kuni see hakkab lihtsalt podisema. Eemaldage kuumusest.
b) Sega kuumakindlas kausis CandiQuik, purustatud peekon ja sool.
c) Vala kuum koor CandiQuik ja peekonisegu peale. Laske sellel minut aega seista, et kommikate pehmeneks.
d) Segage segu, kuni CandiQuik on täielikult sulanud ja ühtlane.
e) Lisa CandiQuik segule soolata või ja vaniljeekstrakt. Sega, kuni või on sulanud ja segu on hästi segunenud.
f) Hoia trühvlisegu külmkapis vähemalt 2 tundi või kuni see muutub käsitsemiseks piisavalt kõvaks.

KOOSTAMISEKS:
g) Kui trühvlisegu on jahtunud, võtke lusika või melonipalliga väikesed portsjonid välja ja veeretage need pallideks.
h) Aseta trühvlipallid küpsetuspaberiga kaetud alusele ja pane katte valmistamise ajaks tagasi külmkappi.

KATTIMISEKS:
i) Sulata tume šokolaad vastavalt pakendi juhistele. Tavaliselt hõlmab see mikrolaineahjus 30-sekundiliste intervallidega, kuni see täielikult sulab.
j) Kasta iga trühvel sulatatud tumeda šokolaadi sisse, tagades ühtlase katte.
k) Aseta kaetud trühvlid tagasi pärgamendiga vooderdatud alusele.
l) Enne tumeda šokolaadi tardumist puista iga trühvli peale purustatud peekonit, et lisada maitset ja kaunistust.
m) Enne serveerimist laske kattel täielikult taheneda.

29.Cinco de Mayo Mehhiko vürtsitrühvlid

KOOSTISOSAD:
TRÜHVLITE KOHTA:
- 1 pakk CandiQuik (vaniljemaitseline kommikate)
- ½ tassi rasket koort
- 1 tl jahvatatud kaneeli
- ½ tl jahvatatud muskaatpähklit
- ¼ teelusikatäit jahvatatud Cayenne'i pipart (vürtsikuse saamiseks kohandage maitse järgi)
- ¼ tl jahvatatud nelki
- ¼ tl jahvatatud piment
- 1 apelsini koor

KATTIMISEKS:
- ½ tassi kakaopulbrit
- ¼ tassi tuhksuhkrut
- 1 tl jahvatatud kaneeli (tolmutamiseks)

JUHISED:
a) Kuumuta väikeses potis koort keskmisel kuumusel, kuni see hakkab lihtsalt podisema. Eemaldage kuumusest.
b) Murra CandiQuik tükkideks ja aseta kuumakindlasse kaussi. Valage kuum koor CandiQuikile ja laske sellel minut aega seista, et see pehmeneks.
c) Segage segu, kuni CandiQuik on täielikult sulanud ja ühtlane.
d) Lisage sulatatud CandiQuik segule jahvatatud kaneel, muskaatpähkel, Cayenne'i pipar, nelk, piment ja apelsinikoor. Sega hästi kokku.
e) Laske segul jahtuda toatemperatuurini, seejärel hoidke seda külmkapis vähemalt 2 tundi või kuni see muutub käsitsemiseks piisavalt kõvaks.
f) Sega madalas kausis kakaopulber ja tuhksuhkur. Kõrvale panema.
g) Kui trühvlisegu on jahtunud, võta lusika või melonipalliga väikesed portsud välja ja veereta need pallideks.
h) Veereta iga trühvlit kakaopulbri ja tuhksuhkru segus, tagades ühtlase katte.
i) Aseta kaetud trühvlid pärgamendiga vooderdatud alusele.

j) Lisa maitsekihi saamiseks puista trühvlitele veidi jahvatatud kaneeli.
k) Tõsta trühvlid umbes 30 minutiks külmkappi tahenema.
l) Serveeri ja naudi neid Mehhiko vürtsitrühvleid Cinco de Mayo või mõne erilise sündmuse jaoks meeldiva maiuspalana!

30.CandiQuik pekanipähklipiruka trühvlid

KOOSTISOSAD:
TRÜHVLITE KOHTA:
- 1 tass pekanipähklit, peeneks hakitud
- 1 tass Grahami kreekeripuru
- ½ tassi heledat maisisiirupit
- ¼ tassi soolata võid, sulatatud
- ¼ tassi pruuni suhkrut
- 1 tl vaniljeekstrakti
- Näputäis soola

KATTIMISEKS:
- 1 pakk CandiQuik (vaniljemaitseline kommikate)

GARNISEERIMISEKS (VALIKULINE):
- Kaunistuseks terved pekanipähklid
- Täiendav Grahami kreekeripuru

JUHISED:
TRÜHVLITE KOHTA:
a) Sega suures segamiskausis peeneks hakitud pekanipähklid, Grahami kreekeripuru, hele maisisiirup, sulatatud või, pruun suhkur, vaniljeekstrakt ja näpuotsaga soola. Segage, kuni see on hästi segunenud.
b) Aseta segu umbes 30 minutiks külmkappi tahenema.
c) Kui segu on tahke, rulli väikestest portsjonitest kätega trühvlisuurused pallid ja aseta need pärgamendiga vooderdatud alusele.

KATTIMISEKS:
d) Sulata CandiQuik vastavalt pakendi juhistele. Tavaliselt hõlmab see mikrolaineahjus 30-sekundiliste intervallidega, kuni see täielikult sulab.
e) Kasta kahvli või hambatikuga iga pekanipähklipiruka trühvel sulatatud CandiQuik'i, tagades ühtlase katte.
f) Aseta kaetud trühvlid tagasi pärgamendiga vooderdatud alusele.

GARNISEERIMISEKS (VALIKULINE):
g) Kuni CandiQuik kate on veel märg, aseta kaunistuseks iga trühvli peale terve pekanipähklipurk.
h) Lisa maitse ja tekstuuri saamiseks puista iga trühvli peale veel Grahami kreekeripuru.
i) Enne serveerimist laske CandiQuik-kattel täielikult taheneda.

31. Maapähklivõi trühvli šokolaadi lusikad

KOOSTISOSAD:
- 1 tass kreemjat maapähklivõid
- ½ tassi tuhksuhkrut
- ¼ tassi soolamata võid, pehmendatud
- 1 tl vaniljeekstrakti
- Näputäis soola
- 1 pakk CandiQuik (vaniljemaitseline kommikate)
- Šokolaadi- või kommivormid
- Kastmiseks puidust lusikad või plastlusikad

JUHISED:
a) Sega kausis kreemjas maapähklivõi, tuhksuhkur, pehme või, vaniljeekstrakt ja näputäis soola. Segage, kuni see on hästi segunenud.
b) Veereta maapähklivõisegust väikesed trühvlisuurused pallikesed ja aseta need küpsetuspaberiga vooderdatud alusele. Asetage kandik umbes 30 minutiks külmkappi, et trühvlid muutuksid kõvaks.
c) Murra CandiQuik tükkideks ja aseta kuumakindlasse kaussi. Sulata CandiQuik vastavalt pakendi juhistele. Tavaliselt hõlmab see mikrolaineahjus 30-sekundiliste intervallidega, kuni see täielikult sulab.
d) Valmistage šokolaadi- või kommivormid ette. Kui kasutate puidust või plastikust lusikaid, kastke lusikapead sulatatud CandiQuikisse, et tekiks šokolaadipõhi.
e) Asetage maapähklivõi trühvel iga šokolaadiga kaetud lusika peale või igasse vormi.
f) Valage maapähklivõitrühvlitele veel sulatatud CandiQuik, et need oleksid täielikult kaetud.
g) Laske CandiQuik-kattel osaliselt, kuid mitte täielikult tahkuda.
h) Valikuline: soovi korral võid kaunistamiseks peale niristada veel sulatatud CandiQuik'i.
i) Lase šokolaadikattel täielikult taheneda ja taheneda.
j) Kui maapähklivõi trühvlišokolaadilusikad on hangunud, on need nautimiseks valmis!

32.Chocolate Stout kook trühvlid

KOOSTISOSAD:
KOOK:
- 1 karp tumeda šokolaadi koogi segu (+ koogisegu koostisained)
- 1¼ tassi Guinness Extra Stout õlut

JÄRASTUS:
- 8 supilusikatäit (1 pulk) võid
- 3-4 tassi tuhksuhkrut, sõelutud
- 3 spl stout õlut (nt Guinness)
- ½ tl vaniljeekstrakti
- Näputäis soola

KATE:
- 2 pakki Chocolate CandiQuik katet

JUHISED:
a) Valmistage kook vastavalt karbil olevatele juhistele (asendage vesi võrdse koguse, 1–¼ tassi porteri või tugeva õllega).
b) Murenda jahtunud kook suurde kaussi.
c) Valmista glasuur: sega pehme või kohevaks. Lisage aeglaselt tuhksuhkur, stout, vanill ja sool; vahustage keskmisel kuumusel 3 minutit või kuni see on kerge ja kohev.
d) Lisage murenenud koogile ½ tassi glasuuri ja segage hoolikalt.
e) Veereta segu 1-tollisteks pallideks ja aseta umbes 1 tunniks külmkappi.
f) Sulatage šokolaad CandiQuik sulatusalusel ja tehke mikrolaineahjus kasutatav alus vastavalt pakendi juhistele. Kasta koogipallid šokolaadikatte sisse ja aseta vahapaberile tahenema.

33. Šampanjakoogi trühvlid

KOOSTISOSAD:
TOOGITRÜHVLILE:
- 1 karp šampanjamaitselist koogisegu (pluss karbil loetletud koostisosad, nt munad, õli, vesi)
- 1 tass šampanjat või vahuveini
- ½ tassi võikreemi glasuur (poest ostetud või omatehtud)
- 1 pakk CandiQuik (vaniljemaitseline kommikate)
- Kaunistuseks söödav kulla- või hõbedatolm (valikuline)

KOOKIPOPSI KOHTA (VALIKULINE):
- Pulgakommpulgad
- Täiendav CandiQuik katmiseks
- Kaunistuseks söödav kulla- või hõbedatolm (valikuline)

JUHISED:
TOOGITRÜHVLILE:
a) Kuumuta ahi vastavalt koogisegu juhistele. Määri ja jahuga koogivorm.
b) Valmista šampanjamaitseline koogisegu vastavalt pakendi juhistele, asendades vee šampanjaga.
c) Küpseta kooki vastavalt juhendile ja lase täielikult jahtuda.
d) Kui kook on jahtunud, murenda see suures segamiskausis peeneks puruks.
e) Lisa võikoorekaste koogipurule ja sega ühtlaseks. Segu peaks olema taignataolise konsistentsiga.
f) Vormi segust väikesed trühvlisuurused pallikesed ja aseta need küpsetuspaberiga vooderdatud alusele.
g) Sulata CandiQuik vastavalt pakendi juhistele. Tavaliselt hõlmab see mikrolaineahjus 30-sekundiliste intervallidega, kuni see täielikult sulab.
h) Kasta iga koogi trühvel sulatatud CandiQuik'i, tagades ühtlase katte.
i) Aseta kaetud trühvlid tagasi pärgamendiga vooderdatud alusele.
j) Soovi korral puista trühvlitele dekoratiivse puudutuse saamiseks söödavat kulla- või hõbedatolmu.
k) Enne serveerimist laske CandiQuik-kattel täielikult taheneda.

KOOKIPOPSI KOHTA (VALIKULINE):

l) Järgige ülaltoodud samme, et valmistada koogi trühvli segu ja vormida need pallideks.
m) Selle asemel, et asetada trühvlid alusele, torgake igasse koogipallisse pulgakommipulgad, et tekiks kook.
n) Kookide katmiseks sulatage täiendav CandiQuik.
o) Kastke iga koogipapp sulatatud CandiQuikisse, tagades ühtlase katte.
p) Laske üleliigsel kattel maha tilkuda, enne kui asetate koogipõnnid pärgamendiga vooderdatud alusele.
q) Valikuline: puistake kaunistamiseks koogipaberite peale söödavat kulda või hõbedat.
r) Enne serveerimist laske CandiQuik-kattel täielikult taheneda.

KOOGI hammustused

34. CandiQuik Orange Creamsicle Cake Bites

KOOSTISOSAD:
- 1 karp vaniljekoogi segu (lisaks vajalikud koostisosad nagu munad, õli, vesi)
- 1 tass apelsinimahla
- Ühe apelsini koor
- 1 tl vaniljeekstrakti
- ½ tassi soolata võid, sulatatud
- 2 tassi CandiQuik katet (oranž või valge)
- Oranž toiduvärv (valikuline)
- Puistad kaunistamiseks (valikuline)

JUHISED:
a) Kuumuta ahi vastavalt koogisegu juhistele.
b) Valmistage suures segamiskausis vaniljekoogi segu, järgides karbil olevaid juhiseid.
c) Lisa koogitainale apelsinimahl, apelsinikoor, vaniljeekstrakt ja sulavõi. Segage, kuni see on hästi segunenud.
d) Vala tainas võiga määritud ja jahuga ülepuistatud koogivormi.
e) Küpseta kooki vastavalt pakendi juhistele.
f) Pärast küpsetamist laske koogil täielikult jahtuda.
g) Purusta jahtunud kook käte või kahvli abil peeneks puruks.
h) Võtke väikesed portsjonid koogipurust ja veeretage need hammustusesuurusteks pallideks. Aseta tordipallid küpsetuspaberiga kaetud alusele.
i) Sulatage CandiQuik kate mikrolaineahjus kasutatavas kausis vastavalt pakendi juhistele. Soovi korral lisage soovitud värvi saavutamiseks paar tilka oranži toiduvärvi.
j) Kastke kahvli või hambatikuga iga koogipall sulatatud CandiQuik-kattesse, tagades, et need on ühtlaselt kaetud. Laske üleliigsel kattekihil maha tilkuda.
k) Aseta kaetud koogipallid tagasi küpsetuspaberile. Kaunista puistetega vahetult enne kattekihi tardumist.
l) Lase koogipaladel jahtuda ja kattel täielikult taheneda, asetades need umbes 15-20 minutiks külmkappi.
m) Kui kate on kõva, tõsta Orange Creamsicle Cake Bites serveerimistaldrikule.
n) Serveeri ja naudi neid veetlevaid hõrgutisi järgmisel koosviibimisel või magusa meelelahutusena.

35. CandiQuik Cannoli Bites

KOOSTISOSAD:
- 1 tass ricotta juustu
- ½ tassi tuhksuhkrut
- ½ tl vaniljeekstrakti
- ¼ tassi mini šokolaaditükke
- 1 pakk CandiQuik (vaniljemaitseline kommikate)
- ¼ tassi hakitud pistaatsiapähkel (valikuline, kaunistamiseks)
- Mini saiakoored või cannoli kestad

JUHISED:
a) Sega kausis ricotta juust, tuhksuhkur ja vaniljeekstrakt. Segage, kuni see on hästi segunenud.
b) Voldi minišokolaaditükid ricotta segusse. Veenduge, et need oleksid ühtlaselt jaotunud.
c) Sulata CandiQuik vastavalt pakendi juhistele. Tavaliselt hõlmab see mikrolaineahjus 30-sekundiliste intervallidega, kuni see täielikult sulab.
d) Kasta minitaigna või kannolikoorte servad sulatatud CandiQuik'i, tagades ühtlase katte. Laske üleliigsel kattekihil maha tilkuda.
e) Asetage kaetud kestad pärgamendiga vooderdatud alusele ja laske neil taheneda, kuni CandiQuik kõveneb.
f) Täida torukott ricotta seguga. Kui sul torukotti pole, võid kasutada Ziploc kotti ja lõigata ühte nurka väike auk.
g) Toru ricotta segu igasse kaetud kestadesse, täites need.
h) Soovi korral puista ricotta täidisele hakitud pistaatsiapähklid maitse ja tekstuuri lisamiseks.
i) Laske Cannoli Bites'il külmikus vähemalt 30 minutit jahtuda, et täidis hanguks.
j) Pärast jahutamist serveerige ja nautige neid veetlevaid CandiQuik Cannoli suupisteid!

36. CandiQuik kirsikoogi pommid

KOOSTISOSAD:
TOOGI JAOKS:
- 1 karp valge koogisegu (pluss karbil loetletud koostisosad, nt munad, õli, vesi)
- 1 tass maraschino kirsse, tükeldatud ja nõrutatud
- ½ tassi valge šokolaadi laastud

KATTE KOHTA:
- 1 pakk CandiQuik (vaniljemaitseline kommikate)

KAUNISTUSEKS (VALIKULINE):
- Punased või roosad kommid sulavad (tilgutamiseks)
- Lisaks hakitud maraschino kirsid

JUHISED:
TOOGI JAOKS:
a) Kuumuta ahi vastavalt koogisegu juhistele. Määri ja jahuga 9x13-tolline küpsetusvorm.
b) Valmista valge koogi segu vastavalt pakendi juhistele.
c) Murra hakitud maraschino kirsid ja valge šokolaadi laastud koogitainasse.
d) Vala tainas ettevalmistatud ahjuvormi ja küpseta vastavalt pakendi juhistele.
e) Laske koogil täielikult jahtuda, seejärel murendage see suurde kaussi.
f) Sega käte või lusikaga murendatud kooki, kuni moodustub taignataoline konsistents.
g) Võtke koogisegust väikesed portsjonid ja rullige need hammustusesuurusteks pallideks. Asetage need pärgamendiga vooderdatud alusele.

KATTE KOHTA:
h) Sulata CandiQuik vastavalt pakendi juhistele. Tavaliselt hõlmab see mikrolaineahjus 30-sekundiliste intervallidega, kuni see täielikult sulab.
i) Kasta iga koogipall sulatatud CandiQuik'i, tagades ühtlase katte.
j) Aseta kaetud koogipallid tagasi küpsetuspaberiga kaetud alusele.

KAUNISTUSEKS (VALIKULINE):

k) Sulata punased või roosad kommid sulavad vastavalt pakendi juhistele.
l) Dekoratiivse puudutuse saamiseks nirista kaetud koogipallidele sulanud kommisulasid.
m) Aseta iga koogipommi peale väike tükk tükeldatud maraschino kirsi.
n) Enne serveerimist laske kattel täielikult taheneda.

37.Margarita koogipallid

KOOSTISOSAD:
KOOGIPALLIDE JAOKS:
- 1 karp valge koogisegu (pluss karbil loetletud koostisosad, nt munad, õli, vesi)
- ⅓ tassi tequilat
- ¼ tassi kolmekordset sekundit
- 2 laimi koor

MARGARITA GLAASI JUURDE:
- 2 tassi tuhksuhkrut
- 2-3 supilusikatäit tekiilat
- 1 spl kolmesek
- 1 laimi koor

KATTE KOHTA:
- 1 pakk CandiQuik (vaniljemaitseline kommikate)
- Jäme sool (kaunistuseks, valikuline)

JUHISED:
KOOGIPALLIDE JAOKS:
a) Kuumuta ahi vastavalt koogisegu juhistele. Määri ja jahuga 9x13-tolline küpsetusvorm.
b) Valmista valge koogi segu vastavalt pakendi juhistele.
c) Kui tainas on valmis, segage tequila, triple sec ja laimikoor, kuni see on hästi segunenud.
d) Küpseta kook ettevalmistatud pannil vastavalt pakendi juhistele. Laske sellel täielikult jahtuda.
e) Kui kook on jahtunud, murenda see suures segamiskausis peeneks puruks.

MARGARITA GLAASI JUURDE:
f) Vahusta eraldi kausis tuhksuhkur, tequila, triple sec ja laimikoor, kuni saavutad ühtlase glasuuri konsistentsi.
g) Vala glasuur koogipurule ja sega ühtlaseks.
h) Veereta segust väikesed, umbes 1–1,5 tollise läbimõõduga koogipallid ja asetage need pärgamendiga kaetud alusele.
i) Aseta plaat vähemalt 1-2 tunniks külmkappi, et koogipallid taheneks.

KATTE KOHTA:

j) Sulata CandiQuik vastavalt pakendi juhistele. Tavaliselt hõlmab see mikrolaineahjus 30-sekundiliste intervallidega, kuni see täielikult sulab.
k) Kasta kahvli või hambatikuga iga koogipall sulatatud CandiQuik'i, tagades ühtlase katte.
l) Aseta kaetud koogipallid küpsetuspaberiga vooderdatud alusele.
m) Valikuline: puistake jämedat soola iga koogipalli peale, kuni CandiQuik kate on veel märg, et saaksite Margaritast inspireeritud soolase serva.
n) Enne serveerimist laske CandiQuik-kattel täielikult taheneda.

38.CandiQuik Eyeball koogipallid

KOOSTISOSAD:
- Koogipallid (valmistatud teie lemmikkoogiretsepti järgi või poest ostetud)
- 1 pakend (16 untsi) CandiQuik Candy Coating
- Punane geeljas glasuur või vaarikamoos "vere" efektiks
- Miniatuursed šokolaaditükid või kommisilmad

JUHISED:
a) Sulata CandiQuik Candy Coating vastavalt pakendi juhistele.
b) Kastke iga koogipalli katmiseks sulatatud CandiQuik'i.
c) Asetage kaetud koogipallile kaks miniatuurset šokolaaditükki või kommisilma.
d) Silmaümbruse "vere" efekti tekitamiseks kasuta punast geelglasuuri või vaarikamoosi.
e) Enne serveerimist laske kattel taheneda.

39. CandiQuik Pumpkin Spice Cake Bites

KOOSTISOSAD:
KOOGI HAMMASTUSTE JAOKS:
- 1 karp vürtsikoogi segu pluss karbil loetletud koostisosad
- 1 tass konserveeritud kõrvitsapüreed
- 1 tl kõrvitsapiruka vürtsi

KATTE KOHTA:
- 1 pakk CandiQuik (vaniljemaitseline kommikate)

GARNISEERIMISEKS (VALIKULINE):
- Jahvatatud kaneel
- Hakitud pähklid (nt pekanipähklid või kreeka pähklid)

JUHISED:
KOOGI HAMMASTUSTE JAOKS:
a) Kuumuta ahi vastavalt koogisegu juhistele. Määri ja jahuga 9x13-tolline küpsetusvorm.
b) Valmista vürtsikoogi segu vastavalt pakendi juhistele.
c) Lisa koogitainasse konservkõrvitsapüree ja kõrvitsapiruka vürts. Segage, kuni see on hästi segunenud.
d) Vala tainas ettevalmistatud ahjuvormi ja küpseta vastavalt pakendi juhistele. Lase koogil täielikult jahtuda.
e) Kui kook on jahtunud, murenda see suures segamiskausis peeneks puruks.

KOOSTAMISEKS:
f) Käte või lusikaga segage murenenud kook käte või lusikaga, kuni see moodustab taignataolise konsistentsi.
g) Veereta segust väikesed, umbes 1–1,5 tollise läbimõõduga koogipallid ja asetage need pärgamendiga kaetud alusele.
h) Aseta plaat vähemalt 1-2 tunniks külmkappi, et koogipallid taheneks.

KATTE KOHTA:
i) Sulata CandiQuik vastavalt pakendi juhistele. Tavaliselt hõlmab see mikrolaineahjus 30-sekundiliste intervallidega, kuni see täielikult sulab.
j) Kasta kahvli või hambatikuga iga koogipall sulatatud CandiQuik'i, tagades ühtlase katte.
k) Aseta kaetud koogipallid tagasi küpsetuspaberiga kaetud alusele.

GARNISEERIMISEKS (VALIKULINE):

l) Kuni CandiQuik kate on veel märg, puista iga koogipalli peale jahvatatud kaneeli või hakitud pähkleid, et saada maitset ja kaunistust.

m) Enne serveerimist laske CandiQuik-kattel täielikult taheneda.

40. CandiQuik Chocolate BaNilla vahvlihammustused

KOOSTISOSAD:
- Vanilje vahvliküpsised
- 1 pakk CandiQuik (vaniljemaitseline kommikate)
- Tumeda šokolaadi laastud või tumeda šokolaadi sulatusvahvlid (tilgutamiseks, valikuline)
- Puistad või hakitud pähklid (valikuline, kaunistamiseks)

JUHISED:
a) Vooderda ahjuplaat küpsetuspaberiga.
b) Murra CandiQuik tükkideks ja aseta kuumakindlasse kaussi. Sulata CandiQuik vastavalt pakendi juhistele. Tavaliselt hõlmab see mikrolaineahjus 30-sekundiliste intervallidega, kuni see täielikult sulab.
c) Kastke iga vanilje vahvliküpsis sulatatud CandiQuik'i, tagades, et see on täielikult kaetud.
d) Kasutage kahvli või kastmistööriista, et tõsta kaetud vahvel CandiQuikist välja, et üleliigne kate maha tilkuks.
e) Asetage kaetud vahvel küpsetuspaberiga kaetud ahjuplaadile.
f) Valikuline: kui soovite lisada kaunistust, nirista lusika või torukotiga CandiQuik-kattega vahvlitele sulatatud tumedat šokolaadi. Tekstuuri ja kaunistuse lisamiseks võite märjale CandiQuik kattekihile puistata puistad või hakitud pähklid.
g) Laske CandiQuik-kattel (ja muudel kaunistustel) täielikult taheneda ja tarduda.

41. CandiQuik veini- ja šokolaadikoogid

KOOSTISOSAD:
KOOGI HAMMASTUSTE JAOKS:
- 1 karp šokolaadikoogi segu (pluss karbil loetletud koostisosad, nt munad, õli, vesi)
- 1 tass punast veini (kasutage teile meeldivate maitsetega veini)
- ½ tassi CandiQuik (vaniljemaitseline kommikate), sulatatud

KATTE KOHTA:
- 1 pakk CandiQuik (vaniljemaitseline kommikate)

GARNISEERIMISEKS (VALIKULINE):
- Tumeda šokolaadi laastud või kakaopulber
- Meresoola helbed

JUHISED:
KOOGI HAMMASTUSTE JAOKS:
a) Kuumuta ahi vastavalt šokolaadikoogi segamise juhistele. Määri ja jahuga 9x13-tolline küpsetusvorm.
b) Valmista šokolaadikoogisegu pakendi juhiste järgi, asendades vee punase veiniga.
c) Vala tainas ettevalmistatud ahjuvormi ja küpseta vastavalt pakendi juhistele. Lase koogil täielikult jahtuda.
d) Kui kook on jahtunud, murenda see suures segamiskausis peeneks puruks.

KOOSTAMISEKS:
e) Käte või lusikaga segage murenenud kook käte või lusikaga, kuni see moodustab taignataolise konsistentsi.
f) Veereta segust väikesed, umbes 1–1,5 tollise läbimõõduga koogipallid ja asetage need pärgamendiga kaetud alusele.
g) Aseta plaat umbes 30 minutiks külmkappi, et koogipallid taheneks.

KATTE KOHTA:
h) Sulata CandiQuik vastavalt pakendi juhistele. Tavaliselt hõlmab see mikrolaineahjus 30-sekundiliste intervallidega, kuni see täielikult sulab.
i) Kasta kahvli või hambatikuga iga koogipall sulatatud CandiQuik'i, tagades ühtlase katte.
j) Aseta kaetud koogipallid tagasi küpsetuspaberiga kaetud alusele.

GARNISEERIMISEKS (VALIKULINE):
k) Kuni CandiQuik kate on veel märg, puista iga koogipalli peale tumeda šokolaadi laaste või kakaopulbrit, et saada maitset ja kaunistust.
l) Soovi korral puistake peale mõned meresoolahelbed, et täiustada rikkalikku šokolaadimaitset.
m) Enne serveerimist laske CandiQuik-kattel täielikult taheneda.

42. Pot O' Gold Rainbow Cake Bites

KOOSTISOSAD:
- 1 karp teie lemmikkoogisegu (pluss karbil loetletud koostisosad)
- 1 tass võikoorekastet
- CandiQuik kommikate
- Vikerkaare puistad
- Kuldsed šokolaadimündid

JUHISED:
a) Koogitaina valmistamisel järgi koogisegu karbil olevaid juhiseid. Küpseta kooki ristkülikukujulises vormis vastavalt pakendi juhistele. Lase koogil täielikult jahtuda.
b) Kui kook on jahtunud, murenda see suures kausis peeneks puruks.
c) Sega järk-järgult hulka võikreemi glasuur, kuni koogipuru kleepub kokku ja moodustab taignataolise konsistentsi.
d) Võtke segust väikesed portsjonid ja rullige need hammustusesuurusteks pallideks.
e) Sulata CandiQuik Candy Coating vastavalt pakendi juhistele.
f) Kastke iga koogipall kahvli või hambatikuga sulatatud CandiQuik'i, et see täielikult katta.
g) Enne kattekihi tardumist puistake iga kaetud koogipalli peale vikerkaarepuistad.
h) Asetage iga koogipalli peale kuldne šokolaadimünt, mis kujutab kullapotti.
i) Lase koogipaladel küpsetuspaberil taheneda, kuni kate taheneb.
j) Kui kate on täielikult tahenenud, on teie CandiQuik Pot O' Gold Rainbow Cake Bites serveerimiseks valmis!

43. CandiQuik Acorn Cake Bites

KOOSTISOSAD:
- Koogid (valmistatud teie lemmikkoogiretsepti järgi või poest ostetud)
- 1 pakend (16 untsi) CandiQuik Candy Coating
- Šokolaadikrõpsud või Hershey suudlused
- Kringlipulgad

JUHISED:
a) Sulata CandiQuik Candy Coating vastavalt pakendi juhistele.
b) Kastke iga koogipala sulatatud CandiQuik'i katteks.
c) Aseta tammetõrukorgi peale šokolaaditükk või Hershey's Kiss.
d) Torka väike kringlipulgatükk koogihammustuse sisse tammetõruvarreks.
e) Enne serveerimist laske kattel taheneda.

44. CandiQuik Pumpkin Cake Bites

KOOSTISOSAD:
KÕRVITSATOOGI HAMMUTUSTE JAOKS:
- 1 karp vürtsikoogi segu pluss karbil loetletud koostisosad
- 1 tass konserveeritud kõrvitsapüreed
- 1 tl kõrvitsapiruka vürtsi
- ½ tassi CandiQuik (vaniljemaitseline kommikate), sulatatud

KATTE KOHTA:
- 1 pakk CandiQuik (vaniljemaitseline kommikate)

GARNISEERIMISEKS (VALIKULINE):
- Purustatud graham kreekerid
- Kaneelisuhkur
- Hakitud pähklid (nt pekanipähklid või kreeka pähklid)

JUHISED:
KÕRVITSATOOGI HAMMUTUSTE JAOKS:
a) Kuumuta ahi vastavalt vürtsikoogi segamise juhistele. Määri ja jahuga 9x13-tolline küpsetusvorm.
b) Valmista vürtsikoogi segu vastavalt pakendi juhistele.
c) Lisa koogitainasse konservkõrvitsapüree ja kõrvitsapiruka vürts. Segage, kuni see on hästi segunenud.
d) Vala tainas ettevalmistatud ahjuvormi ja küpseta vastavalt pakendi juhistele. Lase koogil täielikult jahtuda.
e) Kui kook on jahtunud, murenda see suures segamiskausis peeneks puruks.

KOOSTAMISEKS:
f) Segage käte või lusikaga murenenud kook, kuni see moodustab taignataolise konsistentsi.
g) Veereta segust väikesed, umbes 1–1,5 tollise läbimõõduga koogipallid ja asetage need pärgamendiga kaetud alusele.
h) Aseta plaat umbes 30 minutiks külmkappi, et koogipallid taheneks.

KATTE KOHTA:
i) Sulata CandiQuik vastavalt pakendi juhistele. Tavaliselt hõlmab see mikrolaineahjus 30-sekundiliste intervallidega, kuni see täielikult sulab.
j) Kasta kahvli või hambatikuga iga koogipall sulatatud CandiQuik'i, tagades ühtlase katte.

k) Aseta kaetud koogipallid tagasi küpsetuspaberiga kaetud alusele.

GARNISEERIMISEKS (VALIKULINE):

l) Kuni CandiQuik kate on veel märg, puistake iga koogipalli peale purustatud Graham kreekereid, kaneelisuhkrut või hakitud pähkleid, et saada maitset ja kaunistust.

m) Enne serveerimist laske CandiQuik-kattel täielikult taheneda.

45.Südamekoogihammustused

KOOSTISOSAD:
- 1 karp punase sametise koogi segu
- 1 tass toorjuustu glasuur
- CandiQuik šokolaadikate

JUHISED:
a) Valmista punane samettort vastavalt pakendi juhistele.
b) Lase koogil jahtuda, seejärel murenda ja sega toorjuustukreemiga.
c) Rulli segust väikesteks südamekujulisteks koogikesteks.
d) Sulata CandiQuik šokolaadikate ja kasta iga koogipala katmiseks.
e) Asetage need vooderdatud ahjuplaadile ja laske šokolaadikattel taheneda.

46.Kikerherneküpsise taigna hammustused

KOOSTISOSAD:
- 1 purk (15 untsi) kikerherneid, nõrutatud ja loputatud
- ½ tassi gluteenivaba kaera
- ¼ tassi mandlivõid
- ¼ tassi mett
- 1 tl vaniljeekstrakti
- Näputäis soola
- 1 pakend (16 untsi) CandiQuik Candy Coating

JUHISED:
a) Sega köögikombainis kikerherned, kaer, mandlivõi, mesi, vaniljeekstrakt ja sool, kuni saavutad taignataolise konsistentsi.
b) Vormi tainast hammustusesuurused pallid ja aseta need küpsetuspaberiga vooderdatud alusele.
c) Sulata CandiQuik Candy Coating vastavalt pakendi juhistele.
d) Kastke iga küpsisetaigna amps sulatatud CandiQuik'i, et see katta.
e) Enne serveerimist laske kattel taheneda.

47. CandiQuik sulavad lumememmede koogipallid

KOOSTISOSAD:
- Koogipallid (valmistatud teie lemmikkoogiretsepti järgi või poest ostetud)
- 1 pakend (16 untsi) CandiQuik Candy Coating
- Miniatuursed šokolaaditükid või kommisilmad
- Apelsini kommid sulavad (või apelsini glasuur) porgandi nina jaoks
- Dekoratiivne glasuur sallidele ja nööpidele

JUHISED:
a) Kasta iga koogipall sulatatud CandiQuik kattesse.
b) Asetage silmade jaoks sulanud kattele kaks miniatuurset šokolaaditükki või kristalliseerunud silma.
c) Kasutage porgandi nina loomiseks väikest tükikest oranži kommisula või glasuur.
d) Kaunista glasuuriga, et teha sallid ja nööbid, mis annavad sulavate lumememmede välimuse.
e) Enne serveerimist lase kattel tarduda.

48.CandiQuik Cadbury munad

KOOSTISOSAD:
TÄIDISEKS:
- ½ tassi soolamata võid, pehmendatud
- 2 ½ tassi tuhksuhkrut
- 1 tl vaniljeekstrakti
- Kollane toiduvärv (valikuline)

ŠOKOLAADI KATTE JAOKS:
- 1 pakk CandiQuik (vaniljemaitseline kommikate)
- 1 spl taimeõli

JUHISED:
TÄIDISEKS:
a) Vahusta segamisnõus pehme või kreemjaks.
b) Lisage võile järk-järgult tuhksuhkur, pärast iga lisamist hoolikalt segades.
c) Lisa vanilliekstrakt ja jätka segamist, kuni segust moodustub ühtlane ja painduv tainas.
d) Soovi korral lisa paar tilka kollast toiduvärvi, et saavutada klassikaline Cadbury munavärv. Sega, kuni värv on ühtlaselt jaotunud.
e) Jaga tainas väikesteks osadeks ja vormi igast osast munataoline vorm. Aseta vormitud munad pärgamendiga vooderdatud alusele.
f) Asetage kandik šokolaadikatte valmistamise ajaks külmkappi jahtuma.

ŠOKOLAADI KATTE JAOKS:
g) Murra CandiQuik tükkideks ja aseta kuumakindlasse kaussi. Lisage CandiQuikile taimeõli.
h) Sulata CandiQuik vastavalt pakendi juhistele. Tavaliselt hõlmab see mikrolaineahjus 30-sekundiliste intervallidega, kuni see täielikult sulab.
i) Eemaldage vormitud täidis külmkapist.
j) Kastke kahvli või kommide kastmistööriista abil iga täidis sulatatud CandiQuikisse, tagades, et see on täielikult kaetud.
k) Laske üleliigsel CandiQuik-kattel maha tilkuda, seejärel asetage kaetud munad tagasi küpsetuspaberile.
l) Kui kõik munad on kaetud, asetage alus külmkappi, et šokolaadikate saaks täielikult taheneda.
m) Kui teie kodused Cadbury munad on seatud, on need nautimiseks valmis!

KAETUD PUUVILJAD

49.CandiQuik vaniljega kastetud mustikad

KOOSTISOSAD:
- Värsked mustikad, pestud ja kuivatatud
- 1 pakk CandiQuik (vaniljemaitseline kommikate)
- Valikuline: kaunistamiseks valged puistad, hakitud kookospähkel või hakitud pähklid

JUHISED:
a) Vooderda ahjuplaat küpsetuspaberiga.
b) Murra CandiQuik tükkideks ja aseta kuumakindlasse kaussi. Sulata CandiQuik vastavalt pakendi juhistele. Tavaliselt hõlmab see mikrolaineahjus 30-sekundiliste intervallidega, kuni see täielikult sulab.
c) Kui CandiQuik on sulanud, kasta hambaorki või vardast iga mustikas sulatatud kattesse, tagades ühtlase ja sileda katte.
d) Laske üleliigsel kattel maha tilkuda ja asetage kaetud mustikad küpsetuspaberiga kaetud ahjuplaadile.
e) Valikuline: kui soovite lisada dekoratiivse hõngu, puistake iga mustika märjale CandiQuik-kattele valgeid puisteid, hakitud kookospähklit või hakitud pähkleid.
f) Laske CandiQuik-kattel täielikult taheneda ja tarduda.
g) Kui vaniljekastetud mustikad on täielikult hangunud, võite need serveerimisnõusse tõsta või õhukindlas anumas hoida.

50.CandiQuik šokolaadiga kaetud maasikad

KOOSTISOSAD:
- Värsked maasikad, pestud ja kuivatatud
- 1 pakk CandiQuik (vaniljemaitseline kommikate)
- Valikuline: valge šokolaadi laastud, tumeda šokolaadi laastud või muud kaunistused

JUHISED:
a) Vooderda ahjuplaat küpsetuspaberiga.
b) Murra CandiQuik tükkideks ja aseta kuumakindlasse kaussi. Sulata CandiQuik vastavalt pakendi juhistele. Tavaliselt hõlmab see mikrolaineahjus 30-sekundiliste intervallidega, kuni see täielikult sulab.
c) Hoidke iga maasikat varrest või kastke maasikad sulatatud CandiQuikisse hambaorkide abil, kattes need umbes kahe kolmandiku ulatuses.
d) Laske üleliigsel CandiQuik-kattel maha tilkuda, seejärel asetage šokolaadiga kaetud maasikad küpsetuspaberiga kaetud ahjuplaadile.
e) Valikuline: kuni CandiQuik kate on veel märg, võite kaunistamiseks šokolaadiga kaetud maasikatele niristada sulatatud valget šokolaadi, tumedat šokolaadi või muid katteid.
f) Laske CandiQuik-kattel täielikult taheneda.
g) Kui teie šokolaadiga kaetud maasikad on hangunud, on need nautimiseks valmis!

51.Punased, valged ja sinised maasikad

KOOSTISOSAD:
- Värsked maasikad, pestud ja kuivatatud
- 1 pakk CandiQuik (vaniljemaitseline kommikate)
- Sinised kommid sulavad
- Valge komm sulab
- Valikuline: kaunistamiseks punased, valged ja sinised puistad või söödavad särad

JUHISED:
a) Vooderda ahjuplaat küpsetuspaberiga.
b) Murra CandiQuik tükkideks ja aseta kuumakindlasse kaussi. Sulata CandiQuik vastavalt pakendi juhistele. Tavaliselt hõlmab see mikrolaineahjus 30-sekundiliste intervallidega, kuni see täielikult sulab.
c) Jaga maasikad kolme rühma.
d) Kastke üks rühm maasikaid sulatatud CandiQuikisse, kuni see on täielikult kaetud. Aseta need küpsetuspaberiga kaetud ahjuplaadile.
e) Kastke teine rühm maasikaid sulatatud siniste kommide sulamistesse, kuni need on täielikult kaetud. Aseta need ahjuplaadile valge kattega maasikate kõrvale.
f) Kastke ülejäänud rühm maasikaid sulatatud valgesse kommi, kuni see on täielikult kaetud. Aseta need ahjuplaadile sinise kattega maasikate kõrvale.
g) Valikuline: kuni kommikate on veel märg, puistake iga kaetud maasika peale punast, valget ja sinist puistatust või söödavat sära, et anda pidulikku puudutust.
h) Laske kommikattel taheneda ja täielikult taheneda.
i) Pärast seadistamist on teie punased, valged ja sinised maasikad nautimiseks valmis!

52.Kaetud banaanihammustused

KOOSTISOSAD:
- Banaanid, kooritud ja viilutatud hammustuste suurusteks tükkideks
- 1 pakk CandiQuik vaniljekatet
- Hakitud pähklid või hakitud kookospähkel (katteks valikuline)

JUHISED:
a) Sulata CandiQuik vaniljekate vastavalt pakendi juhistele.
b) Kastke iga banaanihammustus sulatatud vaniljekatte sisse, kattes selle täielikult.
c) Asetage kaetud banaanitükid küpsetuspaberiga kaetud alusele.
d) Soovi korral veereta kaetud banaanitükke hakitud pähklites või hakitud kookospähklis.
e) Lase kattel toatemperatuuril või külmkapis taheneda.
f) Kui olete valmis, serveerige ja nautige neid maitsvaid CandiQuikiga kaetud banaanihammustusi.

53.CandiQuik kaetud õunaviilud

KOOSTISOSAD:
- Õunad, viiludeks lõigatud
- 1 pakk CandiQuik šokolaadikatet
- Purustatud pähklid või puistad (valikuline katmiseks)

JUHISED:
a) Sulata CandiQuik šokolaadikate vastavalt pakendi juhistele.
b) Kastke iga õunaviil sulatatud šokolaadi sisse, veendudes, et see on täielikult kaetud.
c) Aseta kastetud õunaviilud küpsetuspaberiga kaetud alusele.
d) Soovi korral puista šokolaadikatte peale purustatud pähkleid või värvilisi puisteid.
e) Lase šokolaadil toatemperatuuril või külmkapis taheneda.
f) Kui olete hangunud, serveerige ja nautige neid maitsvaid CandiQuikiga kaetud õunalõike.

54.Cinco de Mayo maasikad

KOOSTISOSAD:
- Värsked maasikad, pestud ja kuivatatud
- 1 pakk CandiQuik (vaniljemaitseline kommikate)
- Rohelist värvi suhkur või rohelised puistad
- Valge või kullavärvi suhkur või puistad
- Valikuline: kaunistuseks laimikoor

JUHISED:
a) Vooderda ahjuplaat küpsetuspaberiga.
b) Murra CandiQuik tükkideks ja aseta kuumakindlasse kaussi. Sulata CandiQuik vastavalt pakendi juhistele. Tavaliselt hõlmab see mikrolaineahjus 30-sekundiliste intervallidega, kuni see täielikult sulab.
c) Hoidke iga maasikat varrest või kastke maasikad sulatatud CandiQuikisse hambaorkide abil, kattes need umbes kahe kolmandiku ulatuses.
d) Laske üleliigsel CandiQuik-kattel maha tilkuda, seejärel asetage kaetud maasikad küpsetuspaberiga kaetud ahjuplaadile.
e) Kuni CandiQuik kate on veel märg, puista ühele kolmandikule kaetud maasikatest rohelist suhkrut või rohelisi puisteid. See tähistab Mehhiko lipu rohelist värvi.
f) Puista peale valget või kuldset suhkrut või puista peale veel üks kolmandik kaetud maasikatest. See tähistab Mehhiko lipu valget värvi.
g) Jätke ülejäänud üks kolmandik kaetud maasikatest ilma täiendavate pritsmeteta Mehhiko lipu punase värvi jaoks.
h) Valikuline: Koorige maasikatele laim, et saada tsitruseliste maitset ja lisada garneering.
i) Laske CandiQuik-kattel täielikult taheneda.
j) Kui teie Cinco de Mayo maasikad on seatud, on need nautimiseks valmis!

55.Maasika jõulumütsid

KOOSTISOSAD:
- CandiQuik (valge šokolaadi kate)
- Värsked maasikad
- Miniatuursed vahukommid

JUHISED:
a) Sulata valge šokolaad CandiQuik vastavalt pakendi juhistele.
b) Kastke maasika terav ots sulatatud CandiQuikisse.
c) Asetage kaetud maasika peale miniatuurne vahukomm, et moodustada jõuluvana mütsi täidis.
d) Enne serveerimist laske CandiQuikil taheneda.

KOOgid, sõõrikud ja pirukad

56. CandiQuik sidruni-mustika juustukook

KOOSTISOSAD:
KOORIKU KOHTA:
- 1 ½ tassi grahami kreekeripuru
- ¼ tassi sulatatud võid
- ¼ tassi granuleeritud suhkrut

JUUSTUSTOOGI TÄIDISEKS:
- 3 pakki (igaüks 8 untsi) toorjuustu, pehmendatud
- 1 tass granuleeritud suhkrut
- 3 suurt muna
- 1 tl vaniljeekstrakti
- 1 sidruni koor
- ¼ tassi värsket sidrunimahla
- 1 tass värskeid mustikaid

CANDIQUIK SIDRUNGLAASUURI PUHUL:
- 1 pakk CandiQuik (vaniljemaitseline kommikate)
- 1 sidruni koor
- 2 spl värsket sidrunimahla

JUHISED:
KOORIKU KOHTA:
a) Kuumuta ahi temperatuurini 325 ° F (163 ° C). Määrige 9-tolline vedruvorm.
b) Sega kausis Grahami kreekeripuru, sulatatud või ja granuleeritud suhkur. Suru segu ettevalmistatud panni põhja, et tekiks koorik.
c) Küpseta koorikut eelsoojendatud ahjus umbes 10 minutit. Võta ahjust välja ja lase täidise valmistamise ajaks jahtuda.

JUUSTUSTOOGI TÄIDISEKS:
d) Vahusta suures segamiskausis toorjuust ja granuleeritud suhkur ühtlaseks.
e) Lisa ükshaaval munad, pärast iga lisamist korralikult vahustades.
f) Segage vaniljeekstrakt, sidrunikoor ja värske sidrunimahl, kuni need on hästi segunenud.
g) Sega õrnalt sisse värsked mustikad.
h) Vala juustukoogi täidis jahtunud koorikule.
i) Küpseta eelkuumutatud ahjus umbes 50-60 minutit või kuni keskosa on tahenenud.

j) Eemaldage juustukook ahjust ja laske sellel jahtuda toatemperatuurini. Tõsta külmkappi vähemalt 4 tunniks või üleöö.

CANDIQUIK SIDRUNGLAASUURI PUHUL:

k) Murra CandiQuik tükkideks ja aseta kuumakindlasse kaussi. Sulata CandiQuik vastavalt pakendi juhistele.
l) Segage sidrunikoor ja värske sidrunimahl sulatatud CandiQuikisse, kuni need on hästi segunenud.
m) Valage jahtunud juustukoogile CandiQuik sidruniglasuur ja ajage see ühtlaselt laiali.
n) Tõsta juustukook tagasi külmkappi, et glasuur tarneks.
o) Kui glasuur on tahenenud, eemaldage juustukook vedruvormist, viilutage ja serveerige.

57.CandiQuik kõrvitsa juustukook

KOOSTISOSAD:
- Kõrvitsa-juustukoogi batoonid või ruudud (valmistatud teie lemmikretsepti järgi või poest ostetud)
- 1 pakend (16 untsi) CandiQuik Candy Coating
- Purustatud Grahami kreekerid katmiseks (valikuline)

JUHISED:
a) Lõika kõrvitsa-juustukook hammustuse suurusteks ruutudeks.
b) Sulata CandiQuik Candy Coating vastavalt pakendi juhistele.
c) Kastke iga juustukoogi ruudu katmiseks sulatatud CandiQuik.
d) Soovi korral veeretage kaetud ruutu purustatud Graham kreekerites, et saada maitset ja tekstuuri.
e) Enne serveerimist laske kattel taheneda.

58.CandiQuik haiuimega koogitopsid

KOOSTISOSAD:
HAIUIMEDE KOHTA:
- 1 pakk CandiQuik (vaniljemaitseline kommikate)
- Sinine toiduvärv
- Valge fondant või valge komm sulab (haiuimede jaoks)

KOKKIDE PUHUL (VALIKULINE):
- Teie lemmik koogiretsept või poest ostetud koogikesed
- Sinine härmatis

JUHISED:
HAIUIMEDE KOHTA:
a) Murra CandiQuik tükkideks ja aseta kuumakindlasse kaussi. Sulata CandiQuik vastavalt pakendi juhistele. Tavaliselt hõlmab see mikrolaineahjus 30-sekundiliste intervallidega, kuni see täielikult sulab.
b) Lisage sulanud CandiQuikile paar tilka sinist toiduvärvi ja segage, kuni saavutate ookeani jaoks soovitud sinise tooni.
c) Rulli lahti valge fondant või sulata valged kommisulad vastavalt pakendi juhistele.
d) Kasutades haiuimekujulist küpsisevormi või malli, lõigake valgest fondandist või valgest kommisulast välja haiuimed.
e) Kastke iga haiuim sinisesse CandiQuik kattesse, tagades ühtlase ja sileda katte.
f) Asetage kaetud haiuimed pärgamendiga vooderdatud alusele ja laske neil täielikult taheneda.

KOKKIDE PUHUL (VALIKULINE):
g) Küpseta oma lemmikkoogiretsepti või kasuta poest ostetud koogikesi.
h) Kui koogikesed on jahtunud, katke need sinise glasuuriga, mis kujutab ookeani.

KOOSTAMINE:
i) Kui haiuimed on täielikult kõvenenud, sisestage need õrnalt iga tassikoogi ülaossa, luues "ookeanist" väljuva haiuime.
j) Soovi korral saate veealuse teema täiustamiseks lisada täiendavaid kaunistusi, nagu kalakujulised puistad või sinised puistad.
k) Aseta koogikesed serveerimisvaagnale ja naudi oma imearmsaid haiuimega koogikesi!

59.CandiQuik sidruni mandli sõõrikud

KOOSTISOSAD:

sõõrikute jaoks:
- 2 tassi universaalset jahu
- 1 tass granuleeritud suhkrut
- 1 ½ teelusikatäit küpsetuspulbrit
- ½ tl söögisoodat
- ¼ teelusikatäit soola
- ½ tassi soolata võid, sulatatud
- 2 suurt muna
- 1 tass petipiima
- 1 tl vaniljeekstrakti
- 2 sidruni koor
- ½ tassi hakitud mandleid (katteks)

CANDIQUIK LEMON MANDLI GLAASI JUURDE:
- 1 pakk CandiQuik (vaniljemaitseline kommikate)
- 2 sidruni mahl
- 1 tass tuhksuhkrut
- ¼ tassi hakitud mandleid (katteks)

JUHISED:

sõõrikute jaoks:
a) Kuumuta ahi temperatuurini 350 °F (175 °C). Määri sõõrikupann.
b) Vahusta suures segamiskausis jahu, suhkur, küpsetuspulber, sooda ja sool.
c) Vahusta eraldi kausis sulavõi, munad, pett, vaniljeekstrakt ja sidrunikoor.
d) Lisa märjad koostisosad kuivadele koostisosadele, sega, kuni need on lihtsalt segunenud. Ärge segage üle.
e) Tõsta tainas lusikaga ettevalmistatud sõõrikuvormi, täites iga vormi umbes ⅔ ulatuses.
f) Küpseta eelkuumutatud ahjus 12-15 minutit või kuni sõõrikusse torgatud hambaork tuleb puhtana välja.
g) Lase sõõrikutel mõni minut pannil jahtuda, enne kui tõstad need restile täielikult jahtuma.

CANDIQUIK LEMON MANDLI GLAASI JUURDE:

h) Sulata CandiQuik vastavalt pakendi juhistele. Tavaliselt hõlmab see mikrolaineahjus 30-sekundiliste intervallidega, kuni see täielikult sulab.
i) Sega kausis sulatatud CandiQuik sidrunimahla ja tuhksuhkruga. Sega ühtlaseks ja hästi segunevaks.
j) Kasta iga jahtunud sõõrik CandiQuik sidrunimandli glasuuriga, tagades ühtlase katte.
k) Maitse ja tekstuuri lisamiseks puista glasuuritud sõõrikute peale hakitud mandleid.
l) Enne serveerimist lase glasuuril taheneda.

60.CandiQuik jäätisepirukas

KOOSTISOSAD:
KOORIKU KOHTA:
- 2 tassi grahami kreekeripuru
- ½ tassi soolata võid, sulatatud
- ¼ tassi granuleeritud suhkrut

TÄIDISEKS:
- 1 pakk CandiQuik (vaniljemaitseline kommikate)
- 1 liitrit (umbes 4 tassi) teie lemmikjäätise maitset

KATTEDE KOHTA (VALIKULINE):
- Vahukoor
- Šokolaadikaste
- Hakitud pähklid
- Piserdab
- Maraschino kirsid

JUHISED:
KOORIKU KOHTA:
a) Sega kausis Grahami kreekeripuru, sulatatud või ja granuleeritud suhkur. Sega, kuni puru on ühtlaselt kaetud.
b) Suru segu pirukavormi põhja ja külgedele, et tekiks koorik.
c) Aseta koor täidise valmistamise ajaks külmkappi jahtuma.

TÄIDISEKS:
d) Sulata CandiQuik vastavalt pakendi juhistele. Tavaliselt hõlmab see mikrolaineahjus 30-sekundiliste intervallidega, kuni see täielikult sulab.
e) Laske sulanud CandiQuikil veidi jahtuda.
f) Tõsta lusikaga pehmendatud jäätis Grahami kreekerikoore sisse, jaotades see ühtlaselt.
g) Vala sulanud CandiQuik jäätisele, moodustades ühtlase ja läikiva katte.
h) Aseta pirukas sügavkülma ja lase taheneda vähemalt 2-3 tundi või kuni CandiQuik taheneb.

KATTEDE KOHTA (VALIKULINE):
i) Enne serveerimist lisage oma lemmiklisandid, nagu vahukoor, šokolaadikaste, hakitud pähklid, puistad ja maraschino kirsid.
j) Viiluta ja serveeri CandiQuik Ice Cream Pie külmalt.

61. Koogisõõrikud šokolaadi ja röstitud kookospähkliga

KOOSTISOSAD:
- 2 tassi universaalset jahu
- ¾ tassi suhkrut
- 2 tl küpsetuspulbrit
- ½ tl soola
- ¾ tassi petipiima
- 1 tl vaniljeekstrakti
- 1 tl vaniljekauna pasta (või ühe vaniljekauna seemneid)
- 2 muna
- 2 spl võid, sulatatud
- 8 untsi šokolaadi CandiQuik kate
- ½ tassi röstitud kookospähklit

JUHISED:
a) Kuumuta ahi temperatuurini 350 ° F. Pihustage sõõrikupann mittenakkuva küpsetusspreiga.
b) Vahusta suures kausis jahu, suhkur, küpsetuspulber ja sool.
c) Lisa pett, munad, vanill ja või ning vahusta, kuni need on segunenud.
d) Tõsta taigen lusikaga torukotti (või ühe nurgaga kilekotti); toru sõõrikupannile, täites iga sõõriku taande umbes ¾ ulatuses.
e) Küpsetage 10-12 minutit või kuni ülemine osa puudutamisel tagasi põrkub. Lase jahtuda.
f) Sulatage šokolaad CandiQuik sulatusalusel ja tehke mikrolaineahjus kasutatav alus vastavalt pakendi juhistele.
g) Kasta sõõrikute ülaosa šokolaadikatte sisse ja puista üle röstitud kookospähkliga. Serveeri kohe.

POPS

62. Banaanihelbed

KOOSTISOSAD:
- 1 (16 untsi) pakend Vanilla CandiQuik Coatingi
- 4-5 tassi maasika-maisihelbe teravilja, purustatud
- 6 banaani
- Popsikli pulgad/vardad

JUHISED:
a) Koorige ja lõigake banaanid 4-5-tollisteks tükkideks.
b) Suru iga banaanitükk popsipulgale ja aseta 15-20 minutiks sügavkülma.
c) Sulatage vanilje CandiQuik sulatusalusel ja tehke mikrolaineahjus kasutatav alus vastavalt pakendi juhistele.
d) Hoides banaanipoppi, kastke see otse Vanilla CandiQuik alusele ja kasutage lusikaga, et banaan täielikult katta.
e) Keera banaanipopp kohe purustatud teravilja sisse. Aseta vahapaberile.

63. CandiQuik Truffula Tree Cake Pops

KOOSTISOSAD:
KOOKIPOPSI JAOKS:
- 1 karp teie lemmikkoogisegu (pluss karbil loetletud koostisosad, nt munad, õli, vesi)
- ½ tassi võikreemi glasuur (poest ostetud või omatehtud)
- Pulgakommpulgad

KATTE KOHTA:
- 1 pakk CandiQuik (vaniljemaitseline kommikate)
- Erinevad erksad toiduvärvid (Trüffula puuvärvide jaoks)
- Söödavad värvilised suhkrud või puistad (puulatvade jaoks)

JUHISED:
KOOKIPOPSI JAOKS:
a) Kuumuta ahi vastavalt koogisegu juhistele. Määri ja jahuga koogivorm.
b) Valmista koogisegu pakendi juhiste järgi.
c) Küpseta kooki vastavalt juhendile ja lase täielikult jahtuda.
d) Kui kook on jahtunud, murenda see suures segamiskausis peeneks puruks.
e) Lisa võikoorekaste koogipurule ja sega ühtlaseks. Segu peaks olema taignataolise konsistentsiga.
f) Vormi segust väikesed tordisuurused pallikesed ja aseta need pärgamendiga vooderdatud alusele.
g) Torka igasse tordipallikese sisse pulgakommipulgad, et tekiks kook.

KATTE KOHTA:
h) Murra CandiQuik tükkideks ja aseta kuumakindlasse kaussi. Sulata CandiQuik vastavalt pakendi juhistele. Tavaliselt hõlmab see mikrolaineahjus 30-sekundiliste intervallidega, kuni see täielikult sulab.
i) Jagage sulatatud CandiQuik väiksematesse kaussidesse ja lisage igasse kaussi erinevaid erksaid toiduvärve, mis esindavad Truffula puude erinevaid värve.
j) Kastke iga koogipapp värvilisse CandiQuik, tagades ühtlase katte.
k) Enne kattekihi tardumist puista iga koogitüki peale söödavaid värvilisi suhkruid või puistasid, et meenutada trühvlipuu tuttidega ladva.
l) Enne serveerimist laske CandiQuik-kattel täielikult taheneda.

64. CandiQuik Türgi riis Krispie Pops

KOOSTISOSAD:
RIIS KRISPIE HOITUSTE JAOKS:
- 6 tassi Rice Krispies teravilja
- 4 tassi mini vahukomme
- 3 supilusikatäit soolata võid
- Oranž ja kollane toiduvärv (geel või vedel)

DEKOORIMISEKS:
- 1 pakk CandiQuik (vaniljemaitseline kommikate)
- Kommid silmad
- Kommid mais
- Punase puuviljanahast või lagritsast paelad (vitsa jaoks)

JUHISED:
RIIS KRISPIE HOITUSTE JAOKS:
a) Suures potis sulata madalal kuumusel või.
b) Lisa minivahukommid sulavõile ja sega, kuni need on täielikult sulanud ja ühtlased.
c) Tõsta kastrul tulelt ja lisa paar tilka oranži ja kollast toiduvärvi, et saavutada kalkuni sulgede värv. Segage, kuni see on hästi segunenud.
d) Voldi Rice Krispiesi teravilja kiiresti sisse, kuni see on ühtlaselt kaetud vahukommiseguga.
e) Vajutage värviline Rice Krispie segu võiga määritud 9x13-tollisele pannile. Laske jahtuda ja taheneda.
f) Kui Rice Krispie maiused on täielikult jahtunud, kasutage kalkunikujulist küpsisevormi või lõigake noaga välja kalkunivormid.

DEKOORIMISEKS:
g) Sulata CandiQuik vastavalt pakendi juhistele. Tavaliselt hõlmab see mikrolaineahjus 30-sekundiliste intervallidega, kuni see täielikult sulab.
h) Kastke iga kalkunikujulise Rice Krispie maiuse ülemine osa sulatatud CandiQuik'i, et ülejääk saaks maha tilkuda.
i) Asetage kommisilmad iga kalkuni sulatatud CandiQuik-kattega osale.
j) Kinnitage kristalliseerunud mais kalkuni alumisele osale, et kujutada sulgi.
k) Lõika punasest puuviljanahast või lagritsast pitsid väikesed tükid ja kinnita need kalkuni vatti alla kommimaisi alla.
l) Enne serveerimist laske CandiQuik-kattel täielikult taheneda.

65. CandiQuik S'more Pops

KOOSTISOSAD:
- Vahukommid
- Grahami kreekerid, purustatud
- 1 pakk CandiQuik (vaniljemaitseline kommikate)
- Pulgakommpulgad
- Minišokolaaditükid või šokolaaditükid
- Valikuline: katmiseks purustatud pähklid või puistad

JUHISED:
a) Vooderda ahjuplaat küpsetuspaberiga.
b) Sisestage pulgakommipulgad vahukommidesse, veendudes, et need on kindlalt kinni, kuid ei torka läbi.
c) Murra CandiQuik tükkideks ja aseta kuumakindlasse kaussi. Sulata CandiQuik vastavalt pakendi juhistele. Tavaliselt hõlmab see mikrolaineahjus 30-sekundiliste intervallidega, kuni see täielikult sulab.
d) Kastke iga vahukomm sulatatud CandiQuikisse, tagades, et see on ühtlaselt kaetud.
e) Laske üleliigsel kattel maha tilkuda, seejärel rullige kaetud vahukommi purustatud Grahami kreekerites. Vajutage grahami kreekerid vahukommile, et need kinnituksid.
f) Asetage kaetud vahukomm ettevalmistatud ahjuplaadile.
g) Enne CandiQuik kattekihi kinnitamist suruge kattesse väikesed šokolaaditükid või šokolaaditükid, mis esindavad s'more'i šokolaadikihti.
h) Valikuline: soovi korral puistake märjale CandiQuik-kattele purustatud pähkleid või värvilisi puistasid tekstuuri ja kaunistuse lisamiseks.
i) Laske CandiQuik-kattel täielikult taheneda.
j) Pärast seadistamist on teie CandiQuik S'more Pops nautimiseks valmis!

66.CandiQuik viinamarjapopperid

KOOSTISOSAD:
- Punased või rohelised seemneteta viinamarjad
- 1 pakk CandiQuik (vaniljemaitseline kommikate)
- Puidust vardas või hambaork
- Valikuline: kaunistamiseks värvilised puistad või söödavad särad

JUHISED:
a) Peske ja kuivatage viinamarjad põhjalikult. Veenduge, et need oleksid täiesti kuivad, et CandiQuik kate kinnituks.
b) Vooderda ahjuplaat küpsetuspaberiga.
c) Murra CandiQuik tükkideks ja aseta kuumakindlasse kaussi. Sulata CandiQuik vastavalt pakendi juhistele. Tavaliselt hõlmab see mikrolaineahjus 30-sekundiliste intervallidega, kuni see täielikult sulab.
d) Tõsta iga viinamarja puust vardas või hambaorkuga varras, jättes vardast kinni hoidmiseks piisavalt ruumi.
e) Kastke iga viinamarja sulatatud CandiQuik'i, tagades, et see on täielikult kaetud. Viinamarjade ühtlaseks katmiseks võite kasutada lusikat.
f) Laske üleliigsel CandiQuik-kattel maha tilkuda ja asetage kaetud viinamarjad pärgamentpaberiga kaetud ahjuplaadile.
g) Valikuline: Kuni CandiQuik kate on veel märg, puista dekoratiivse puudutuse saamiseks värvilisi puisteid või söödavat sära.
h) Korrake protsessi, kuni kõik viinamarjad on kaetud ja kaunistatud.
i) Enne serveerimist laske CandiQuik-kattel täielikult taheneda.
j) Serveerige oma viinamarjapoppereid vaagnal või dekoratiivnõus.

67. CandiQuik Magic Rainbow Krispie Pops

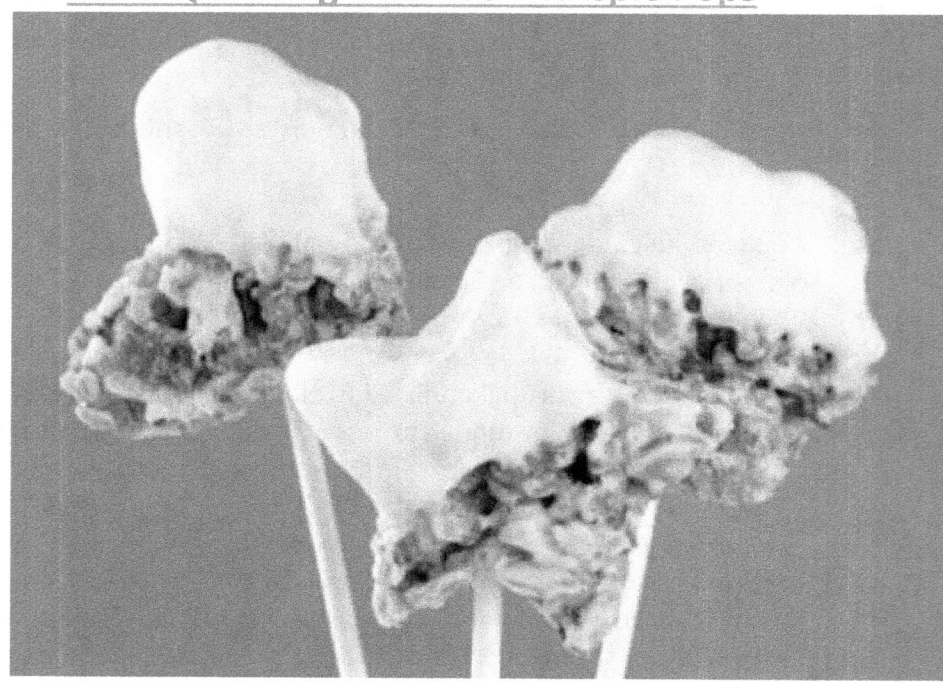

KOOSTISOSAD:
- 6 tassi krõbedat riisiterahelbe
- ¼ tassi soolamata võid
- 1 pakk (10 untsi) mini vahukomme
- 1 tl vaniljeekstrakti
- Vikerkaare toiduvärv (punane, oranž, kollane, roheline, sinine, lilla)
- Pulgakommpulgad
- 1 pakk CandiQuik (vaniljemaitseline kommikate)
- Söödavad särad või värvilised puistad (valikuline)

JUHISED:
MAAGIC RAINBOW KRISPIE MAITSUSTE JAOKS:
a) Suures kastrulis sulatage madalal kuumusel soolata või.
b) Lisa minivahukommid sulavõile ja sega, kuni need on täielikult sulanud ja ühtlased.
c) Tõsta kastrul tulelt ja sega hulka vanilliekstrakt.
d) Jaga krõbedad riisiterahelbed kuue eraldi kaussi.
e) Lisage igasse kaussi paar tilka erinevat värvi toiduvärvi, et luua vikerkaarespekter (punane, oranž, kollane, roheline, sinine, lilla). Segage, kuni värv on ühtlaselt jaotunud.
f) Lisage sulatatud vahukommi segu igasse kaussi, üks värv korraga, ja segage, et teravilja kataks täielikult iga värviga.
g) Laota erinevat värvi segud määritud 9x13-tollisele ahjupannile, surudes iga kiht tugevasti alla.
h) Laske vikerkaarevärvilistel krõbedatel maiustustel jahtuda ja täielikult taheneda.
i) Kui maiuspalad on hangunud, lõigake need ruutudeks või kasutage vikerkaarekujuliste vormide loomiseks vikerkaarekujulist küpsisevormi.

MAAGIC RAINBOW KRISPIE POPSI KOHTA:
j) Sisestage pulgakommipulgad igasse vikerkaarekujulisse krõbedasse maiuspala, et luua hüppeid.
k) Murra CandiQuik tükkideks ja aseta kuumakindlasse kaussi. Sulata CandiQuik vastavalt pakendi juhistele. Tavaliselt hõlmab see mikrolaineahjus 30-sekundiliste intervallidega, kuni see täielikult sulab.

l) Kasta iga vikerkaarekujuline krõbe pop sulatatud CandiQuik'i, tagades ühtlase katte.
m) Valikuline: kui CandiQuik kate on veel märg, puistake maagilise puudutuse saamiseks ülaosale söödavat sära või värvilisi puistasid.
n) Aseta kaetud vikerkaarekujulised krõbedad popid pärgamendiga vooderdatud alusele.
o) Enne serveerimist laske CandiQuik-kattel täielikult taheneda.

68.CandiQuik šokolaadiküpsise pulgakommid

KOOSTISOSAD:
- Šokolaadiküpsiste tainas (omatehtud või poest ostetud)
- 1 pakk CandiQuik (vaniljemaitseline kommikate)
- Pulgakommipulgad või küpsisepulgad

JUHISED:
a) Kuumuta oma ahi vastavalt šokolaadiküpsise taigna retseptile või pakendi juhistele.
b) Valmista šokolaadiküpsiste tainas retsepti või pakendi juhiste järgi.
c) Kühveldage või rullige küpsisetainast väikesed ühtlase suurusega pallid.
d) Sisestage pulgakommipulk või küpsisepulk iga küpsise taignapalli sisse, tagades, et see on kindlalt paigas.
e) Asetage küpsisetaignatükid küpsetuspaberiga kaetud ahjuplaadile, jättes nende vahele veidi ruumi.
f) Küpseta küpsisetaina popid šokolaadiküpsise taigna retsepti või pakendi juhiste järgi. Laske neil täielikult jahtuda.
g) Murra CandiQuik tükkideks ja aseta kuumakindlasse kaussi. Sulata CandiQuik vastavalt pakendi juhistele. Tavaliselt hõlmab see mikrolaineahjus 30-sekundiliste intervallidega, kuni see täielikult sulab.
h) Kastke iga jahutatud küpsisepapp sulatatud CandiQuik'i, tagades, et see on täielikult kaetud.
i) Laske üleliigsel CandiQuik-kattel maha tilkuda, seejärel asetage kaetud küpsisetopsid pärgamendiga vooderdatud alusele.
j) Laske CandiQuik-kattel täielikult taheneda.
k) Kui teie šokolaadiküpsise pulgakommid on hangunud, on need nautimiseks valmis!

69.CandiQuik Türgi küpsisepopsid

KOOSTISOSAD:
- Ümmargused suhkruküpsised
- 1 pakend (16 untsi) CandiQuik Candy Coating
- Kommid silmad
- Kommid mais
- Punane lagritspits vahule

JUHISED:
a) Sulata CandiQuik Candy Coating vastavalt pakendi juhistele.
b) Kastke iga suhkruküpsis sulatatud CandiQuik'i katteks.
c) Asetage kaetud küpsisele kaks kommisilma.
d) Kinnitage kalkuni noka loomiseks silmade alla kristalliseerunud mais.
e) Vatsa jaoks lisa väike tükk punast lagritsapitsi.
f) Enne serveerimist laske kattel taheneda.

70.CandiQuik piparmündiküpsised pulgakommid

KOOSTISOSAD:
- Piparmündimaitselised küpsised
- 1 pakend (16 untsi) CandiQuik Candy Coating
- Kaunistuseks purustatud piparmündikommid või kommipulgad
- Pulgakommpulgad

JUHISED:
a) Valmista oma piparmündimaitselised küpsised. Kui teete neid nullist, veenduge, et need oleksid enne jätkamist täielikult jahtunud.
b) Sulata CandiQuik Candy Coating vastavalt pakendi juhistele. Sulatamiseks võite kasutada mikrolaineahjukindlat kaussi või kahekordset boilerit.
c) Sisestage pulgakommipulgad iga piparmündiküpsise keskele, veendudes, et need on kindlalt kinnitatud.
d) Kastke iga küpsis sulatatud CandiQuik'i, tagades, et kogu küpsis on kaetud.
e) Laske üleliigsel kattel maha tilkuda ja seejärel asetage küpsised pärgamendiga vooderdatud alusele.
f) Kuni kate on veel märg, puista peale purustatud piparmündikommid või kommitükid piduliku hõngu saamiseks.
g) Laske CandiQuik-kattel täielikult hanguda. Protsessi saate kiirendada, kui asetate kandiku külmkappi.
h) Pärast tahkumist on need piparmündiküpsise pulgakommid serveerimiseks valmis.
i) Asetage need pidulikuks väljapanekuks vaasi või dekoratiivnõusse.
j) Serveeri ja naudi neid veetlevaid CandiQuik Peppermint Cookie pulgakommi pühade ajal või mis tahes erilisel sündmusel!

71. CandiQuik Mummy küpsised

KOOSTISOSAD:
- Suhkruküpsised (valmistatud teie lemmikretsepti järgi või poest ostetud)
- 1 pakend (16 untsi) CandiQuik Candy Coating
- Kommid silmad

JUHISED:
a) Sulata CandiQuik Candy Coating vastavalt pakendi juhistele.
b) Kastke iga küpsise katmiseks sulatatud CandiQuik.
c) Laske üleliigsel kattel maha tilkuda ja asetage kaetud küpsised pärgamendiga vooderdatud alusele.
d) Kasutage iga küpsise peale muumiasidemete loomiseks täiendavat sulatatud CandiQuik'i.
e) Asetage kaetud osale kommisilmad.
f) Enne serveerimist laske kattel taheneda.

72.Südame pulgakommid

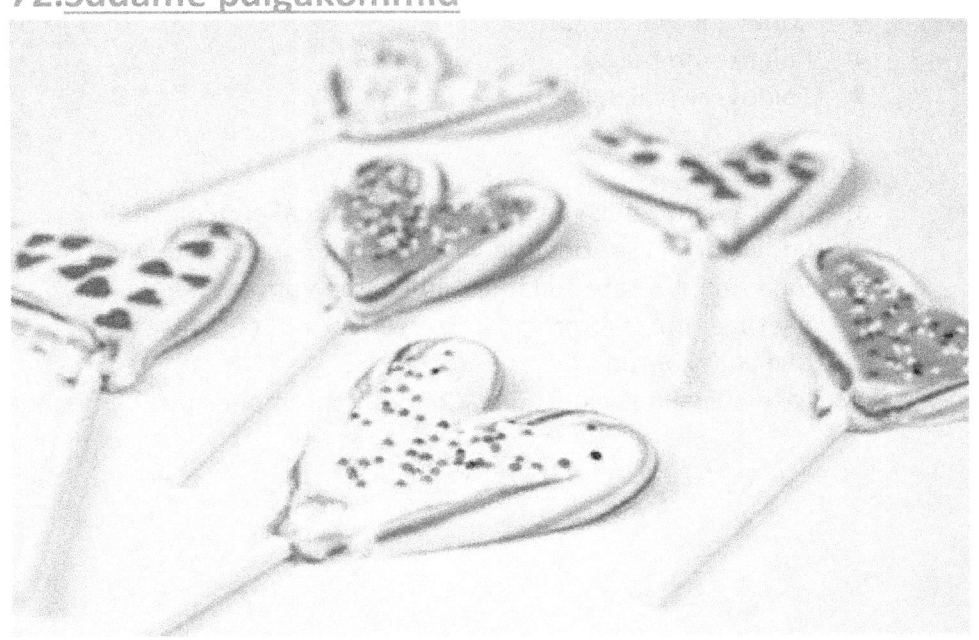

KOOSTISOSAD:
- CandiQuik vaniljekate
- Pulgakommpulgad
- Toiduvärv (valikuline)

JUHISED:
a) Sulata CandiQuik vaniljekate vastavalt pakendi juhistele.
b) Soovi korral lisa soovitud värvi saavutamiseks toiduvärvi.
c) Vala sulanud kate südamekujulistesse vormidesse.
d) Asetage pulgakommipulk igasse vormi, tagades, et see oleks täielikult kaetud.
e) Lase pulgakommidel külmkapis või toatemperatuuril taheneda.

73.Maasikakoogikoogid

KOOSTISOSAD:

MAASIKAKOORDI JAOKS:
- 1 karp maasikakoogi segu (pluss karbil loetletud koostisosad)

MAASIKAPURITOOGI TÄIDISEKS:
- 1 tass kuubikuteks lõigatud värskeid maasikaid
- 2 spl suhkrut

KOOKIPOPPI KOOSTAMISEKS:
- 1 pakk CandiQuik (vaniljemaitseline kommikate)
- Pulgakommipulgad või kookipulgad
- Valge šokolaadi laastud või valged kommid sulavad (kaunistuseks)
- Pritsid või söödavad kaunistused (valikuline)

JUHISED:

MAASIKAKOORDI JAOKS:
a) Kuumuta ahi maasikakoogi segamisjuhiste järgi.
b) Valmista maasikakoogi tainas karbil oleva juhendi järgi.
c) Küpseta kooki vastavalt juhendile ja lase täielikult jahtuda.

MAASIKAPURITOOGI TÄIDISEKS:
d) Sega kausis kuubikuteks lõigatud maasikad suhkruga. Laske neil umbes 10 minutit leotada ja mahla vabastada.
e) Kurna maasikad liigse vedeliku eemaldamiseks, jättes sulle magustatud maasikatükid.

KOOKIPOPPI KOOSTAMISEKS:
f) Purusta jahtunud maasikakook suures segamiskausis peeneks puruks.
g) Lisa koogipurule magustatud maasikatükid ja sega ühtlaseks.
h) Veereta koogisegust väikesed koogipallid ja aseta need küpsetuspaberiga vooderdatud alusele.
i) Murra CandiQuik tükkideks ja aseta kuumakindlasse kaussi. Sulata CandiQuik vastavalt pakendi juhistele.
j) Kasta iga pulgakommpulga ots sulatatud CandiQuik'i ja pista umbes poole pealt koogipalli sisse. See aitab pulgal paigal püsida.
k) Kastke iga koogipapp sulatatud CandiQuik'i, tagades, et see on täielikult kaetud.
l) Laske üleliigsel CandiQuik-kattel maha tilkuda, seejärel asetage koogid küpsetuspaberiga kaetud alusele.

m) Valikuline: Kuni CandiQuik kate on veel märg, kaunista koogid valge šokolaadi laastude või valgete sulatatud kommidega, et meenutada vahukoort. Soovi korral lisa puistad või söödavad kaunistused.
n) Laske CandiQuik-kattel täielikult taheneda.
o) Kui teie Strawberry Shortcake Cake Pops on valmis, on need nautimiseks valmis!

74. CandiQuik Key laimi koogipopsid

KOOSTISOSAD:
- Peamised laimikoogid (valmistatud teie lemmikretsepti järgi või poest ostetud)
- 1 pakend (16 untsi) CandiQuik Candy Coating
- Roheline toiduvärv (valikuline)

JUHISED:
a) Sulata CandiQuik Candy Coating vastavalt pakendi juhistele.
b) Kastke iga koogipapp sulatatud CandiQuik'i katteks.
c) Soovi korral lisage sulanud kattele paar tilka rohelist toiduvärvi, et saada võtmetähtsusega laimivärvi.
d) Enne serveerimist laske kattel taheneda.

KRINGEL

75.CandiQuik kaktuse kringlid

KOOSTISOSAD:
- Kringli vardad
- 1 pakk CandiQuik (vaniljemaitseline kommikate)
- Roheline toiduvärv
- Erinevad puistad või kommikaunistused
- Pärgamentpaber

JUHISED:
a) Vooderda plaat või küpsetusplaat küpsetuspaberiga.
b) Murra CandiQuik tükkideks ja aseta kuumakindlasse kaussi. Sulata CandiQuik vastavalt pakendi juhistele. Tavaliselt hõlmab see mikrolaineahjus 30-sekundiliste intervallidega, kuni see täielikult sulab.
c) Lisage sulanud CandiQuik'ile rohelist toiduvärvi, segades, kuni saavutate erksa rohelise värvi.
d) Kastke iga kringlipulk sulanud rohelisse CandiQuikisse, tagades, et see on täielikult kaetud. Vajadusel kasutage katmisel abiks lusikat.
e) Laske üleliigsel CandiQuik-kattel maha tilkuda, seejärel asetage kaetud kringlivardad küpsetuspaberile.
f) Kuni CandiQuik kate on veel märg, kaunista kaktusekringlid erinevate puiste- või kommikaunistustega, et meenutada kaktuse naelu. Olge loominguline ja nautige kaunistustega!
g) Laske CandiQuik-kattel täielikult taheneda.
h) Pärast seadistamist on teie kaktuse kringlid nautimiseks valmis!

76. CandiQuik Ghost kringlid

KOOSTISOSAD:
- Kringli vardad
- 1 pakend (16 untsi) CandiQuik Candy Coating
- Mini šokolaaditükid või kommisilmad

JUHISED:
a) Sulata CandiQuik Candy Coating vastavalt pakendi juhistele.
b) Kastke iga kringlivarras sulatatud CandiQuik'i, kattes selle täielikult.
c) Kummituse silmade loomiseks asetage kaetud osale kaks väikest šokolaaditükki või kommisilma.
d) Enne serveerimist laske kattel taheneda.

77.CandiQuik Butterfly kringlid

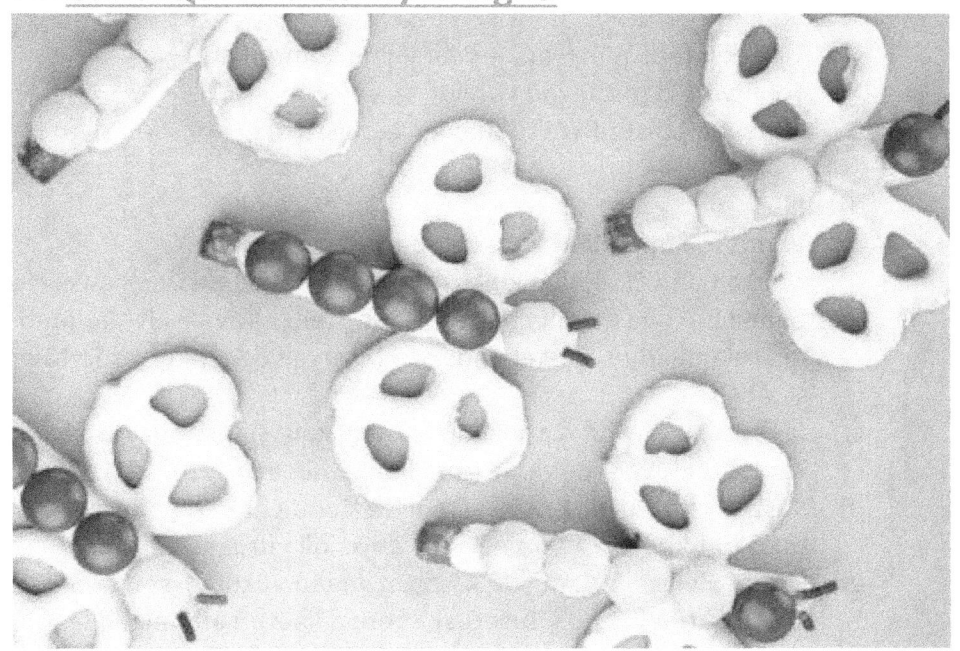

KOOSTISOSAD:
- Kringel keerutab
- 1 pakk CandiQuik (vaniljemaitseline kommikate)
- Toiduvärvid (erinevad värvid)
- Erinevad puistad või söödavad kaunistused

JUHISED:
a) Vooderda ahjuplaat küpsetuspaberiga.
b) Murra CandiQuik tükkideks ja aseta kuumakindlasse kaussi. Sulata CandiQuik vastavalt pakendi juhistele. Tavaliselt hõlmab see mikrolaineahjus 30-sekundiliste intervallidega, kuni see täielikult sulab.
c) Jagage sulatatud CandiQuik eraldi kaussidesse ja lisage igasse kaussi toiduvärvi, et luua oma liblikatele erinevaid värve.
d) Kastke iga kringli keerd värvilisse CandiQuik, tagades, et see on täielikult kaetud. Katmisel võib abiks olla lusikas.
e) Laske üleliigsel CandiQuik-kattel maha tilkuda, seejärel asetage kaetud kringlitükid küpsetuspaberiga kaetud ahjuplaadile.
f) Enne CandiQuik kattekomplekte lisage liblika tiibade ja keha loomiseks erinevaid puisteid või söödavaid kaunistusi. Kujundustega saate loominguliseks muutuda.
g) Laske CandiQuik-kattel täielikult taheneda.
h) Pärast seadistamist on teie Butterfly kringlid nautimiseks valmis!

78.CandiQuik Shamrocki kringlid

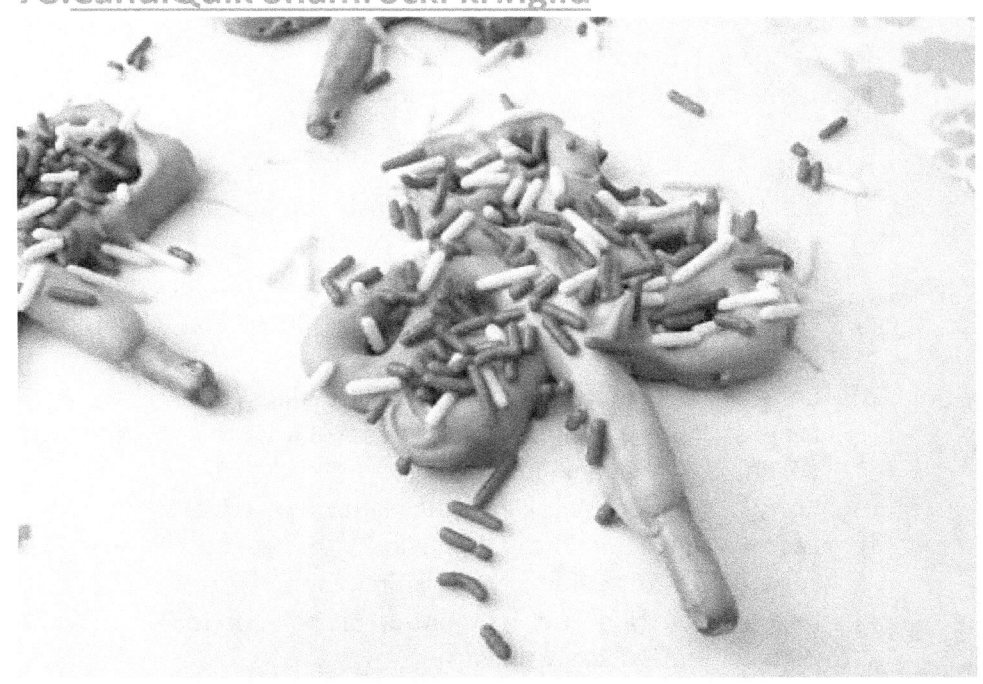

KOOSTISOSAD:
- Kringel keerutab
- CandiQuik Candy Coating (roheline värv)
- Rohelised puistad või roheline lihvsuhkur

JUHISED:
a) Sulata CandiQuik Candy Coating vastavalt pakendi juhistele.
b) Kastke iga kringli keerd sulatatud CandiQuikisse, tagades, et see on täielikult kaetud. Selleks võite kasutada kahvlit või tange.
c) Laske üleliigsel kattel maha tilkuda, seejärel asetage kaetud kringel küpsetuspaberile.
d) Enne kattekihi tardumist puista kringlile rohelisi puisteid või rohelist lihvimissuhkrut, et luua võsakuju. Võite kasutada šablooni või lihtsalt vabakäekujundust.
e) Korrake seda protsessi iga kringli keerdumise jaoks.
f) Laske CandiQuik-kattel täielikult hanguda. Protsessi saab kiirendada, kui asetad kringlid külmkappi.
g) Kui kate on täielikult hangunud, on teie CandiQuik Shamrocki kringlid nautimiseks valmis!

79.CandiQuik uusaasta kringlivardad

KOOSTISOSAD:
- Kringli vardad
- 1 pakend (16 untsi) CandiQuik Candy Coating
- Sprinkles erinevates aastavahetuse värvides

JUHISED:
a) Sulata CandiQuik Candy Coating vastavalt pakendi juhistele. Sulatamiseks võite kasutada mikrolaineahjukindlat kaussi või kahekordset boilerit.
b) Kastke iga kringlipulk sulatatud CandiQuik'i, kattes selle ühtlaselt. Vajadusel kasutage katte hajutamiseks lusikat või spaatlit.
c) Laske üleliigsel kattel maha tilkuda ja asetage kaetud kringlivardad pärgamendiga vooderdatud alusele.
d) Enne kattekihi tardumist puista kringlipulgad üle aastavahetuse-teemaliste pritsmetega. Nende pidulikuks muutmiseks saate kasutada erinevaid värve ja kujundeid.
e) Laske CandiQuik-kattel täielikult hanguda. Protsessi saate kiirendada, kui asetate kandiku külmkappi.
f) Kui see on seatud, asetage uusaasta kringlipulgad serveerimisvaagnale või dekoratiivsetesse anumatesse.
g) Serveeri ja naudi neid magusaid ja soolaseid hõrgutisi oma aastavahetuse tähistamisel!

80.CandiQuik jänku kringlid

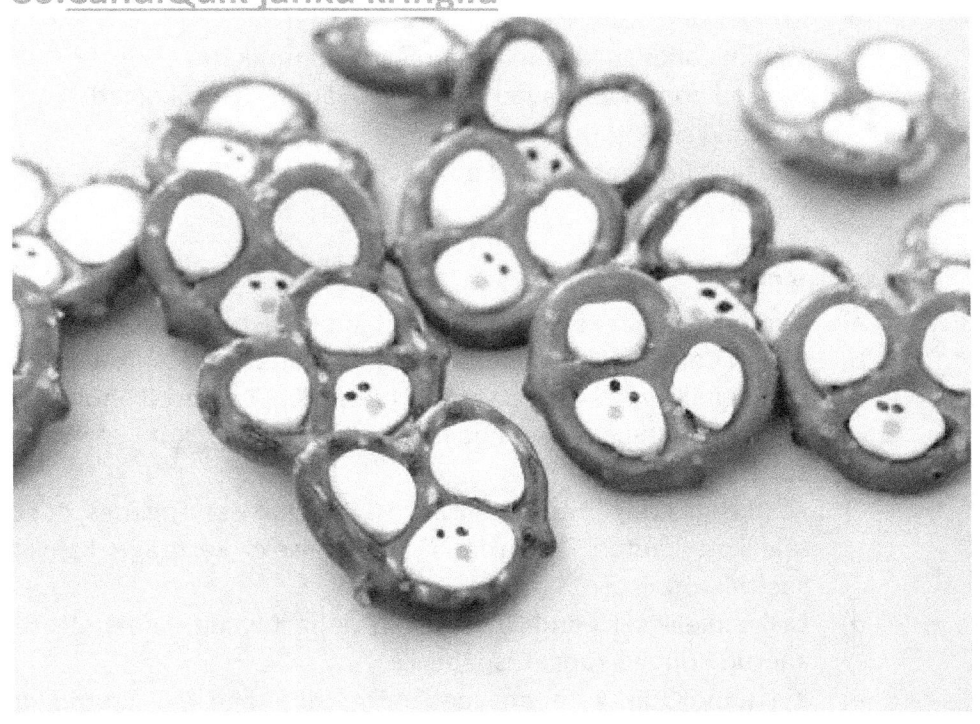

KOOSTISOSAD:
- Kringel keerutab
- 1 pakk CandiQuik (vaniljemaitseline kommikate)
- Roosad kommid sulavad või roosat värvi valge šokolaad
- Kommid silmad
- Roosad südamekujulised puistad (nina jaoks)
- Pärgamentpaber

JUHISED:
a) Vooderda plaat või küpsetusplaat küpsetuspaberiga.
b) Murra CandiQuik tükkideks ja aseta kuumakindlasse kaussi. Sulata CandiQuik vastavalt pakendi juhistele. Tavaliselt hõlmab see mikrolaineahjus 30-sekundiliste intervallidega, kuni see täielikult sulab.
c) Kastke iga kringli keerd sulatatud CandiQuikisse, tagades, et see on täielikult kaetud. Katmise hõlbustamiseks kasutage kahvlit või kastmistööriista.
d) Laske üleliigsel CandiQuik-kattel maha tilkuda, seejärel asetage kaetud kringlid küpsetuspaberile.
e) Kui CandiQuik kate on veel märg, kinnitage iga kaetud kringli ülaosale kommisilmad. Silmade "liimina" võite kasutada väikest kogust sulatatud CandiQuik'i.
f) Asetage roosa südamekujuline puista silmade alla, et luua jänku nina.
g) Kastke hambaork või väike tööriist roosasse kommisulamisse või roosasse valgesse šokolaadi ja joonistage sellega iga kaetud kringli peale jänkukõrvad.
h) Laske kommikattel täielikult taheneda.
i) Kui teie jänkukringlid on valmis, on need nautimiseks valmis!

81. CandiQuik karamelli kringlihammustused

KOOSTISOSAD:
- Kringliruudud või minikringlid
- 1 pakk CandiQuik vaniljekatet
- 1 tass karamellkommid, pakkimata
- 2 spl piima

JUHISED:
a) Sulata CandiQuik vaniljekate vastavalt pakendi juhistele.
b) Kastke iga kringli ruut või minikringel sulatatud vaniljekatte sisse ja veenduge, et see oleks korralikult kaetud.
c) Enne kaetud kringlite küpsetuspaberiga kaetud alusele asetamist laske liigsel kattel maha tilkuda.
d) Eraldi kausis sulata karamellkommid piimaga ühtlaseks.
e) Nirista sulatatud karamell vaniljega kaetud kringlitele.
f) Lase kattel ja karamellil toatemperatuuril või külmkapis taheneda.
g) Kui olete hangunud, serveerige ja nautige neid maitsvaid CandiQuik karamellkringli suupisteid.

KOORED JA KOMBAD

82.CandiQuik piparmündikoor

KOOSTISOSAD:
- 1 pakk (16 untsi) CandiQuik Candy Coating (valge šokolaad)
- ½ tl piparmündi ekstrakti
- Purustatud kommipulgad või piparmündikommid

JUHISED:
a) Vooderda ahjuplaat küpsetuspaberiga.
b) Sulatage CandiQuik Candy Coating mikrolaineahjus kasutatavas kausis või topeltboileriga vastavalt pakendi juhistele.
c) Kui see on sulanud, segage piparmündiekstrakt, tagades, et see on hästi segunenud valge šokolaadiga.
d) Valage sulatatud CandiQuik ettevalmistatud ahjuplaadile, ajades see spaatliga ühtlaseks kihiks.
e) Puista purustatud kommid või piparmündikommid sulatatud valge šokolaadi peale, surudes neid veidi alla, et need kinnituksid.
f) Laske piparmündi koorel jahtuda ja täielikult taheneda. Protsessi saate kiirendada, kui asetate selle külmkappi.
g) Kui piparmündi koor on hangunud, purustage see väiksemateks tükkideks.
h) Hoidke CandiQuik piparmündikoort õhukindlas anumas toatemperatuuril või külmkapis.
i) Serveeri ja naudi seda pidulikku ja magusat maiust!

83. CandiQuik Cowboy Bark

KOOSTISOSAD:
- 1 pakk CandiQuik (vaniljemaitseline kommikate)
- 1 tass minikringlit
- 1 tass soolatud kreekerid, tükeldatud
- ½ tassi iirisetükke
- ½ tassi röstitud ja soolatud maapähkleid
- ¼ tassi mini šokolaaditükke
- ¼ tassi piimašokolaaditükke
- Meresool puistamiseks (valikuline)

JUHISED:
a) Vooderda ahjuplaat küpsetuspaberiga.
b) Murra CandiQuik tükkideks ja aseta kuumakindlasse kaussi. Sulata CandiQuik vastavalt pakendi juhistele. Tavaliselt hõlmab see mikrolaineahjus 30-sekundiliste intervallidega, kuni see täielikult sulab.
c) Segage suures segamiskausis minikringlid, soolakreekerid, iirisetükid, röstitud maapähklid, minišokolaaditükid ja piimašokolaaditükid.
d) Vala sulatatud CandiQuik kuivainetele ja sega, kuni kõik on korralikult kaetud.
e) Laota segu ühtlaselt ettevalmistatud ahjuplaadile.
f) Valikuline: Magusa ja soolase maitse kontrasti saamiseks puistake peale veidi meresoola.
g) Laske Cowboy Barkil täielikult jahtuda ja taheneda. Saate seda protsessi kiirendada, kui asetate selle külmkappi.
h) Kui Cowboy Bark on täielikult hangunud, purustage see hammustuse suurusteks tükkideks.
i) Hoidke Cowboy Barki õhukindlas anumas toatemperatuuril.

84.Mündi küpsisekoor

KOOSTISOSAD:
- 1 (16 untsi) pakend Vanilla CandiQuik Coatingi
- ¾ tassi piparmündi OREO küpsiseid, purustatud suurteks tükkideks
- Rohelised puistad

JUHISED:
a) Sulatage vanilje CandiQuik kate sulatusalusel ja tehke mikrolaineahjus kasutatav alus vastavalt pakendil olevatele juhistele.
b) Lisage alusele ½ tassi tükeldatud OREO küpsiseid ja segage. Valage segu suurele vahapaberilehele. Kasutage spaatlit, et siluda ühtlaselt umbes ¼" paksuseks.
c) Puista peale ülejäänud ¼ tassi purustatud küpsiseid ja rohelisi puisteid. Jahutage umbes 10 minutit või kuni see on täielikult hangunud.
d) Kui see on hangunud, lõika või lõika tükkideks.
e) Võite ka kooresegu laotada tasasele pinnale suurele vahapaberilehele.

85.Kaneeli jõhvika pähkli klastrid

KOOSTISOSAD:
- 1 (16 untsi) pakend Vanilla CandiQuik Candy Coatingi
- 1 tl kaneeli
- 1 ¼ tassi segatud pähkleid
- ¼ tassi kuivatatud jõhvikaid

JUHISED:
a) Sulatage vanilje CandiQuik kate Melt and Make™ mikrolaineahjus kasutataval alusel vastavalt pakendi juhistele.
b) Sega kaneeli sulatatud CandiQuik; lisage enam-vähem oma maitse-eelistuse järgi.
c) Valage segatud pähklid ja kuivatatud jõhvikad otse kattealusele; sega katmiseks.
d) Tilgutage lusikatäie kaupa vahapaberile, et moodustada kobaraid; lasta tarduda.

86. Šokolaadi mandlikoor

KOOSTISOSAD:
- 1 pakk CandiQuik šokolaadikatet
- 1 tass mandleid, hakitud
- ½ tl mandli ekstrakti

JUHISED:
a) Sulata CandiQuik šokolaadikate vastavalt pakendi juhistele.
b) Segage hakitud mandlid ja mandliekstrakt, kuni need on hästi segunenud.
c) Vala segu küpsetuspaberiga kaetud alusele, aja ühtlaselt laiali.
d) Lase toatemperatuuril või külmkapis jahtuda ja taheneda.
e) Kui koor on hangunud, purusta koor tükkideks ja naudi!

87. Puuviljade ja pähklite šokolaadikobara koor

KOOSTISOSAD:
- 1 pakk CandiQuik šokolaadikatet
- ½ tassi kuivatatud jõhvikaid
- ½ tassi hakitud pistaatsiapähklid
- ½ tassi hakitud kookospähklit

JUHISED:
a) Sulata CandiQuik šokolaadikate vastavalt pakendi juhistele.
b) Segage kuivatatud jõhvikad, hakitud pistaatsiapähklid ja hakitud kookospähkel, kuni need on hästi jaotunud.
c) Vala segu küpsetuspaberiga kaetud alusele, aja ühtlaselt laiali.
d) Lase toatemperatuuril või külmkapis jahtuda ja taheneda.
e) Kui koor on hangunud, purustage koor tükkideks ja nautige veetlevat maitsete kombinatsiooni.

88.Soolakaramelli- ja pekanipähklikilpkonnad

KOOSTISOSAD:
- CandiQuik (karamelli maitse)
- Pekanipähkli poolikud
- Meresool

JUHISED:
a) Sulata karamellimaitseline CandiQuik vastavalt pakendi juhistele.
b) Asetage pekanipähklipoolikute kobarad küpsetuspaberiga vooderdatud alusele.
c) Tõsta lusikaga sulatatud CandiQuik iga klastri peale, tagades, et pekanipähklid on kaetud.
d) Puista iga kilpkonna peale näpuotsaga meresoola.
e) Enne serveerimist laske CandiQuikil taheneda.

SUUNISEGUD

89. Churro Chow

KOOSTISOSAD:
- 8 tassi krõbedaid riisiteravilja ruutusid (nagu Rice Chex)
- 1 pakk CandiQuik (vaniljemaitseline kommikate)
- ½ tassi soolamata võid
- ¼ tassi granuleeritud suhkrut
- 1 tl jahvatatud kaneeli
- ½ tl vaniljeekstrakti
- 1 ½ tassi tuhksuhkrut
- Täiendav jahvatatud kaneel tolmutamiseks

JUHISED:
a) Asetage krõbedad riisiteravilja ruudud suurde segamisnõusse. Kõrvale panema.
b) Keskmise suurusega kastrulis sulatage madalal kuumusel CandiQuik ja või. Põlemise vältimiseks segage sageli.
c) Kui see on sulanud, lisage kastrulisse granuleeritud suhkur, jahvatatud kaneel ja vaniljeekstrakt. Segage, kuni suhkur on lahustunud ja segu on hästi segunenud.
d) Valage sulatatud CandiQuik segu krõbedatele riisiteraviljaruutudele, veendudes, et need kataksid ühtlaselt. Kasutage spaatlit, et teravilja õrnalt segada ja katta.
e) Suures lukuga kotis lisage tuhksuhkur. Tõsta kaetud teraviljaruudud kotti.
f) Sulgege kott ja raputage seda tugevalt, et teraviljaruudud tuhksuhkruga kattuksid.
g) Laota Churro Chow küpsetuspaberiga kaetud ahjuplaadile jahtuma.
h) Pärast jahutamist puista Churro Chow täiendava maitse saamiseks jahvatatud kaneeliga.
i) Hoida õhukindlas anumas.

90.CandiQuik Bunny Bait suupistesegu

KOOSTISOSAD:
- 1 pakk CandiQuik (vaniljemaitseline kommikate)
- 4 tassi popkorni
- 2 tassi kringlipulki
- 1 tass mini vahukomme
- Pastelsetes toonides MandM's või muud kommikattega šokolaadid
- Lihavõtteteemalised puistad

JUHISED:
a) Vooderda suur ahjuplaat küpsetuspaberiga.
b) Segage suures segamiskausis popkorn, kringlipulgad ja minivahukommid.
c) Murra CandiQuik tükkideks ja aseta kuumakindlasse kaussi. Sulata CandiQuik vastavalt pakendi juhistele. Tavaliselt hõlmab see mikrolaineahjus 30-sekundiliste intervallidega, kuni see täielikult sulab.
d) Valage sulanud CandiQuik popkornisegule, viskage spaatliga õrnalt ja katke koostisosad ühtlaselt.
e) Laota kaetud segu ühtlase kihina ettevalmistatud ahjuplaadile.
f) Kuni CandiQuik kate on veel märg, puista selle peale pastellvärvi MandM'i või kommikattega šokolaadi.
g) Lisage lihavõtteteemalisi puisteid, et anda pidulikumat puudutust.
h) Laske Bunny Bait Snack Mixil jahtuda ja CandiQuik kattel täielikult taheneda. Protsessi saate kiirendada, kui asetate selle külmkappi.
i) Kui suupistesegu on tahenenud, purustage see suupistesuurusteks kobarateks.
j) Hoida õhukindlas anumas.

91.CandiQuik Heart Munchi suupistesegu

KOOSTISOSAD:
- 1 pakk CandiQuik (vaniljemaitseline kommikate)
- 4 tassi krõbedat riisihelbeid (nt Rice Chex)
- 2 tassi kringlipulki
- 1 tass väikseid kringli keerdu
- 1 tass sõbrapäevateemalisi komme (nt südamekujulised kommid, MandM's)
- 1 tass kuivatatud jõhvikaid või muid kuivatatud puuvilju
- Sõbrapäeva-teemalised puistad

JUHISED:
a) Vooderda suur ahjuplaat küpsetuspaberiga.
b) Murra CardiQuik tükkideks ja aseta kuumakindlasse kaussi. Sulata CandiQuik vastavalt pakendi juhistele. Tavaliselt hõlmab see mikrolaineahjus 30-sekundiliste intervallidega, kuni see täielikult sulab.
c) Sega suures segamiskausis omavahel krõbedad riisihelbed, kringlipulgad, kringlikeerud, sõbrapäevateemalised kommid ja kuivatatud jõhvikad.
d) Valage sulatatud CandiQuik suupistesegule, viskage spaatliga õrnalt ja katke koostisosad ühtlaselt.
e) Laota kaetud segu ühtlase kihina ettevalmistatud ahjuplaadile.
f) Kuni Cand Quik kate on veel märg, puista pealmisele sõbrapäeva-teemalisi puisteid, et anda pidulikku puudutust.
g) Laske Heart Munch Snack Mixil jahtuda ja CandiQuik kattel täielikult taheneda. Protsessi saate kiirendada, kui asetate selle külmkappi.
h) Kui suupistesegu on tahenenud, purustage see suupistesuurusteks kobarateks.
i) Hoida õhukindlas anumas.

92.CandiQuik Trail Mix klastrid

KOOSTISOSAD:
- 1 pakk CandiQuik (vaniljemaitseline kommikate)
- 2 tassi segatud pähkleid (mandlid, india pähklid, maapähklid jne)
- 1 tass kringlipulgad, purustatud väikesteks tükkideks
- 1 tass kuivatatud puuvilju (rosinad, jõhvikad, aprikoosid jne)
- 1 tass šokolaadikompvekke (MandM's, šokolaaditükid jne)

JUHISED:
a) Sega suures segamiskausis omavahel segatud pähklid, kringlipulgad, kuivatatud puuviljad ja šokolaadikommid. Segage neid, et luua koostisosade ühtlane jaotus.
b) Sulata CandiQuik vastavalt pakendi juhistele. Tavaliselt hõlmab see mikrolaineahjus 30-sekundiliste intervallidega, kuni see täielikult sulab.
c) Valage sulatatud CandiQuik jäljesegu koostisosadele. Segage hästi, et kõik komponendid oleksid kommikattes ühtlaselt kaetud.
d) Vooderda ahjuplaat küpsetuspaberi või silikoonist küpsetusmatiga.
e) Kasutades lusikat või küpsiselussi, tilgutage kaetud jäljesegu kobarad ettevalmistatud küpsetusplaadile.
f) Laske kobaratel jahtuda ja taheneda. Saate seda protsessi kiirendada, kui asetate küpsetusplaadi umbes 15-20 minutiks külmkappi.
g) Kui kobarad on täielikult hangunud, eemaldage need küpsetusplaadilt.
h) Hoidke CandiQuik Trail Mix Clusters õhukindlas anumas toatemperatuuril.
i) Nautige seda magusat ja soolast maiuspala vahepalana või maitsva lisandina oma radade valikusse!

93. CandiQuik Orange Creamsicle Puppy Chow

KOOSTISOSAD:
- 9 tassi riisi või maisi Chex teravilja
- 1 tass valge šokolaadi laastud või tükid
- ½ tassi soolamata võid
- ¼ tassi apelsinimaitselist želatiinipulbrit (nagu Jello)
- 1 tl vaniljeekstrakti
- Ühe apelsini koor (valikuline, maitse lisamiseks)
- 2 tassi tuhksuhkrut
- Oranž toiduvärv (valikuline, erksa värvi saamiseks)

JUHISED:
a) Mõõda Chexi teravilja suurde segamisnõusse.
b) Sega mikrolaineahjus kasutatavas kausis valge šokolaadi laastud või tükid ja või. Küpseta mikrolaineahjus 30-sekundiliste intervallidega, pärast iga intervalli segades, kuni segu on täielikult sulanud ja ühtlane.
c) Sega sulatatud valge šokolaadi segusse apelsinimaitseline želatiinipulber ja vaniljeekstrakt. Soovi korral lisage tsitruseliste maitse lisamiseks apelsinikoort.
d) Soovi korral lisage erksa oranži värvi saavutamiseks paar tilka oranži toiduvärvi. Segage, kuni see on hästi segunenud.
e) Valage apelsinikooresegu Chexi teraviljadele, keerake õrnalt kokku ja segage, kuni kõik teraviljad on ühtlaselt kaetud.
f) Suures suletavas kilekotis lisage tuhksuhkur.
g) Viige kaetud Chexi teravilja koos tuhksuhkruga kotti.
h) Sulgege kott ja raputage seda tugevalt, kuni teraviljad on tuhksuhkruga täielikult kaetud.
i) Laota Orange Creamsicle Puppy Chow pärgamendiga kaetud ahjuplaadile jahtuma ja tahenema.
j) Kui segu on jahtunud, lõika hammustuse suurusteks tükkideks.
k) Hoidke Orange Creamsicle Puppy Chow õhukindlas anumas.
l) Serveeri ja naudi seda magusat ja tsitruselist maiust!

94. CandiQuik S'moresi suupistesegu

KOOSTISOSAD:
- 4 tassi grahami teravilja ruutu
- 2 tassi miri vahukomme
- 2 tassi šokolaadiga kaetud kringlit
- 1 tass röstitud maapähkleid
- 1 pakk CandiQuik vaniljekatet
- 1 tass piimašokolaaditükke

JUHISED:
a) Segage suures segamiskausis grahami teravilja ruudud, mini vahukommid, šokolaadiga kaetud kringlid ja röstitud maapähklid.
b) Sulata CandiQuik vaniljekate vastavalt pakendi juhistele.
c) Valage sulanud vaniljekate suupistesegule, segades õrnalt kattekihiks.
d) Lisa piimašokolaaditükid ja sega korralikult läbi.
e) Laota segu küpsetuspaberiga kaetud alusele jahtuma ja tarduma.
f) Kui olete hangunud, jagage klastriteks ja nautige seda maitsvat s'mores'ist inspireeritud suupistesegu.

95.CandiQuik valge šokolaadi peomegu

KOOSTISOSAD:
- 3 tassi riisiteravilja ruutu
- 2 tassi kringli keerdu
- 1 tass kuivatatud jõhvikaid
- 1 tass mandleid, terveid või viilutatud
- 1 pakk CandiQuik valge šokolaadi katet
- 1 tl vaniljeekstrakti

JUHISED:
a) Segage suures segamiskausis riisiteravilja ruudud, kringlid, kuivatatud jõhvikad ja mandlid.
b) Sulata CandiQuik valge šokolaadi kate vastavalt pakendi juhistele.
c) Sega vaniljeekstrakt sulatatud valge šokolaadi hulka.
d) Vala sulatatud valge šokolaadi segu suupistele, sega õrnalt, et see kataks.
e) Laota segu küpsetuspaberiga kaetud alusele jahtuma ja tarduma.
f) Kui see on tahenenud, jagage klastriteks ja nautige seda magusat ja krõmpsuvat valge šokolaadi peo segu.

PUHKUSE JA PIDUDE KOMPLEKTID

96.CandiQuik Halloweeni koogipealsed

KOOSTISOSAD:
- Tassikoogid
- 1 pakend (16 untsi) CandiQuik Candy Coating
- Halloweeni-teemalised puistad või kaunistused

JUHISED:
a) Sulata CandiQuik Candy Coating vastavalt pakendi juhistele.
b) Kastke koogikeste pealsed osad sulatatud CandiQuik'i, luues ühtlase katte.
c) Kaunista halloweeni-teemaliste puistade või kaunistustega.
d) Enne serveerimist laske kattel taheneda.

97.CandiQuik lõpumütsid

KOOSTISOSAD:
- Šokolaadiga kaetud võileivaküpsised (nt Oreo küpsised)
- 1 pakk CandiQuik (vaniljemaitseline kommikate)
- Kandilised šokolaadikompvekid (nt šokolaadiga kaetud karamelliruudud või šokolaadiga kaetud piparmünt)
- Väikesed kommiruudud (valikuline, tuttide jaoks)
- Pulgakommipulgad või kookipulgad

JUHISED:
a) Vooderda ahjuplaat küpsetuspaberiga.
b) Murra CandiQuik tükkideks ja aseta kuumakindlasse kaussi. Sulata CandiQuik vastavalt pakendi juhistele. Tavaliselt hõlmab see mikrolaineahjus 30-sekundiliste intervallidega, kuni see täielikult sulab.
c) Eralda ettevaatlikult šokolaadiga kaetud võileivaküpsised, jättes kreemitäidise puutumata.
d) Kasta pulgakommipulgad sulatatud CandiQuik'i ja pista need iga küpsise kreemitäidisesse, luues aluse lõpumütsile.
e) Kastke kogu küpsis sulatatud CandiQuik'i, tagades, et see on täielikult kaetud. Laske üleliigsel CandiQuik-kattel maha tilkuda.
f) Asetage kaetud küpsised küpsetuspaberiga kaetud ahjuplaadile.
g) Kui CandiQuik kate on veel märg, vajutage õrnalt iga küpsise keskele kandiline šokolaadikomm, et luua lõpukorgi ülaosa.
h) Valikuline: kui teil on väikesed kommiruudud, saate neid tuttide loomiseks kasutada. Kinnitage ruudukujulise šokolaadikompveki küljele väike kommiruuduke sulatatud CandiQuik'iga.
i) Laske CandiQuik-kattel täielikult taheneda.
j) Kui teie lõpumütsid on valmis, on need nautimiseks valmis!

98.CandiQuik Isamaalised piserdustopsid

KOOSTISOSAD:
- 1 pakk CandiQuik (vaniljemaitseline kommikate)
- Punased, valged ja sinised puistad
- Mini koogivooderdised
- Mini koogipann

JUHISED:
a) Vooderda minikoogipann minikoogivooderdistega.
b) Murra CandiQuik tükkideks ja aseta kuumakindlasse kaussi. Sulata CandiQuik vastavalt pakendi juhistele. Tavaliselt hõlmab see mikrolaineahjus 30-sekundiliste intervallidega, kuni see täielikult sulab.
c) Kui CandiQuik on sulanud, lusikaga väike kogus igasse minikoogivormi, täites selle umbes kolmandiku ulatuses.
d) Puista punased, valged ja sinised puistad üle sulanud CandiQuik igas tassis. Saate segada värve või luua erinevate värvidega kihilise efekti.
e) Lisage puiste peale veel üks kiht sulatatud CandiQuik'i, täites koogivoodri umbes kahe kolmandiku ulatuses.
f) Puista sulatatud CandiQuik teise kihi peale veel punaseid, valgeid ja siniseid puisteid.
g) Lisa viimane kiht sulatatud CandiQuik'i, et koogivooder oleks peaaegu ülaosaga täidetud.
h) Kasutage hambaorki või vardast, et keerutada kihid õrnalt kokku, luues marmorjas või keerise efekti.
i) Kaunistuseks lisa peale veel puistad.
j) Laske CandiQuikil täielikult jahtuda ja taheneda.
k) Kui isamaalised piserdustopsid on seatud, on need nautimiseks valmis!

99.Lihavõttekookose makaronipesad

KOOSTISOSAD:
- 3 tassi magustatud hakitud kookospähklit
- ¾ tassi magustatud kondenspiima
- 1 tl vaniljeekstrakti
- ¼ teelusikatäit soola
- 1 pakk CandiQuik (vaniljemaitseline kommikate)
- Mini šokolaadimunad või tarretised (pesatäidiseks)
- Roheline toiduvärv (valikuline, kookose toonimiseks)

JUHISED:
a) Kuumuta ahi temperatuurini 325 ° F (163 ° C). Vooderda ahjuplaat küpsetuspaberiga.
b) Segage suures kausis hakitud kookospähkel, magustatud kondenspiim, vaniljeekstrakt ja sool. Segage, kuni see on hästi segunenud.
c) Soovi korral lisa paar tilka rohelist toiduvärvi, et toonida kookosesegu muru meenutava välimuse saamiseks. Sega, kuni värv on ühtlaselt jaotunud.
d) Vormi küpsisekulbiga või kätega kookosesegust väikesed künkad ja aseta need ettevalmistatud ahjuplaadile, luues pesakujulised süvendiga keskele.
e) Küpseta eelkuumutatud ahjus 12-15 minutit või kuni servad on kuldpruunid.
f) Lase kookospähkli pesadel ahjuplaadil jahtuda.
g) Murra CandiQuik tükkideks ja aseta kuumakindlasse kaussi. Sulata CandiQuik vastavalt pakendi juhistele. Tavaliselt hõlmab see mikrolaineahjus 30-sekundiliste intervallidega, kuni see täielikult sulab.
h) Tõsta iga kookospähkli pesa keskele lusikaga väike kogus sulatatud CandiQuik'i, et luua alus.
i) Asetage iga pesa keskele minišokolaadimunad või tarretised, surudes need õrnalt sulatatud CandiQuikisse.
j) Laske CandiQuik-kattel täielikult taheneda.
k) Kui teie lihavõttekookose makaronipesad on seatud, on need nautimiseks valmis!

100. CandiQuik jõulupuu riisiga Krispie maiuspalad

KOOSTISOSAD:
- 3 supilusikatäit soolata võid
- 10 untsi vahukommid
- Roheline toiduvärv
- 6 tassi Rice Krispies
- Piserdab
- 20 väikest kringlipulka
- 1 pakk CandiQuik šokolaadikatet

JUHISED:
a) Määrige või pihustage 9x13-tolline pann ja asetage see kõrvale.
b) Sulata suurel pannil või ja vahukommid keskmisel-madalal kuumusel pidevalt segades. Kui see on peaaegu sile ja sulanud, lisage vähehaaval rohelist toiduvärvi, kuni saavutate soovitud puuvärvi.
c) Kui see on täiesti sile ja täiesti roheline, eemaldage see tulelt ja segage Rice Krispies. Jätkake segamist, kuni kõik teraviljad on kaetud.
d) Suru segu ühtlaselt ettevalmistatud pannile (selleks võid kasutada määritud kätt või vahapaberitükki).
e) Sulata CandiQuik šokolaadikate vastavalt pakendi juhistele.
f) Lõika panni keskelt üks lõige alla (pikk tee). Seejärel lõigake kõik need read kolmnurkadeks (teil peaks jääma 4 sissekannet, üks iga rea mõlemal küljel).
g) Kui Rice Krispie segu on veel soe, nirista sulatatud CandiQuikiga iga puukujulise maiuse peal, et luua šokolaadine kontuur.
h) Piserdage kohe pühadeteemaliste puistega, et lisada pidulikku hõngu.
i) Asetage iga puu põhja väike kringlipulk, mis meenutab tüve.
j) Laske maiuspaladel vähemalt 30 minutit jahtuda, et CandiQuik kate hanguks.

KOKKUVÕTE

Kui jõuame oma magusa teekonna lõppu läbi CandiQuik maiustuste maailma, loodan, et teile meeldis kommide katmise lõpututute võimaluste uurimine. Klassikalistest maiuspaladest tänapäevaste meistriteosteni – "OLULINE CANDIQUIK KOKARAAMAT" on pakkunud rikkalikult inspiratsiooni teie magustoidumängu täiustamiseks.

Kulinaarseid seiklusi jätkates pidage meeles, et CandiQuiki võlul pole piire. Ükskõik, kas meisterdate isetehtud kingitusi, korraldate magustoidupidu või lihtsalt lubate end magusaga, on CandiQuik teie salarelv meeldejäävate ja maitsvate maiustuste loomiseks.

Aitäh, et liitusite minuga sellel imelisel teekonnal. Olgu teie maiustused alati magusad, teie looming alati inspireeritud ja teie köök alati täis rõõmu. Kuni taaskohtumiseni, head küpsetamist!

www.ingramcontent.com/pod-product-compliance
Lightning Source LLC
Chambersburg PA
CBHW071316110526
44591CB00010B/904